U0927464
FONGHONG

马斯克的五种学习方法

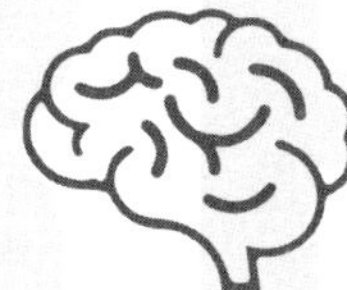

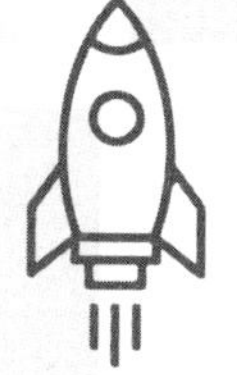

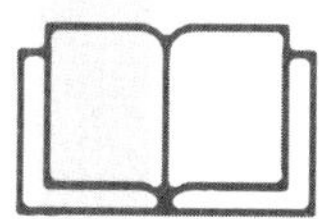

刘紫琪 著

图书在版编目（CIP）数据

马斯克的五种学习方法 / 刘紫琪著. -- 南京：江苏凤凰文艺出版社，2023.2
ISBN 978-7-5594-7229-8

Ⅰ. ①马… Ⅱ. ①刘… Ⅲ. ①学习方法 Ⅳ. ①G791

中国版本图书馆CIP数据核字（2022）第191617号

马斯克的五种学习方法

刘紫琪　著

责任编辑　刘洲原
特约编辑　岳明园
责任校对　孔智敏
出版统筹　孙小野
出版发行　江苏凤凰文艺出版社
　　　　　南京市中央路165号，邮编：210009
网　　址　http://www.jswenyi.com
印　　刷　三河市兴达印务有限公司
开　　本　700毫米×1000毫米　1/16
印　　张　19.5
字　　数　203千字
版　　次　2023年2月第1版
印　　次　2023年2月第1次印刷
书　　号　ISBN 978-7-5594-7229-8
定　　价　58.00元

目录

第3章 马斯克的圈子——与优秀者同行，吸收他人智慧

马斯克创办 SpaceX，做的第一件事是迁居洛杉矶，加入了一个太空爱好者圈子。2001 年马斯克参加了“火星学会”募捐活动，让学会负责人罗伯特大吃一惊的是没人记得邀请过他。

第4章 马斯克的逻辑——删繁就简，追溯事物第一性

马斯克的逻辑，就是通过一件件事实的观察及一层层问题的拷问，寻找未来有可能达成的事情是什么，以确定未来的目标。“第一性原理”对马斯克来说，不仅是一种思维方式，还是一种行动方式。

第5章 马斯克的认知——拒绝零和心态，坚持跨领域学习

2021 年 12 月 19 日，马斯克在推特上发了一条博文，包含有 50 张配有文字的图片，并说“（这 50 种认知偏见）应该在人年轻的时候就教给他”，引起哗然。传统观点认为，要成为顶级人才应该专注于某领域，但马斯克却唱了反调。

第6章 马斯克的创造——学习迁移，扩大适配领域

2016年6月SpaceX的“猎鹰”9号火箭回收失败，4次失败之后终获成功。对马斯克来说，所有的问题背后的因素都不是单一的，只有通过知识的混合迁移，从各种角度汲取灵感，才能发现解决问题的突破口。

第7章 不能成为马斯克，也要像他一样思考

序言

马斯克如何成为“硅谷钢铁侠”？

一

1963 年，漫威漫画旗下的超级英雄钢铁侠首次现身，创作者斯坦·李坦言钢铁侠托尼·史塔克的原型是传奇人物霍华德·休斯。

霍华德·休斯出生于 1905 年，11 岁就组装出休斯敦第一个无线电设备，12 岁发明助动自行车，13 岁组装出摩托车，14 岁开飞机，17 岁继承家族财产……让所有人赞叹的是，年轻的他没有成为败家子，而是把事业经营得蒸蒸日上。

25 岁时，霍华德·休斯进军影视业，他孤注一掷，自投、自编、自导了空战史诗片《地狱天使》，这部电影如果失败，他将一无所有。但幸运的是，他成功了，还获得了 800 万美元的收入。

在电影梦实现以后，他又开始做起了飞行员的梦。1935 年，他驾驶着自己设计的飞机创造了时速 567 千米的世界飞行纪录，1938 年创造了 91 个小时环球飞行的世界纪录。天马行空的想象和卓越的创造力，让霍华德·休斯的资产在 1954 年便达到了 25 亿美元。

霍华德·休斯集企业家、飞行员、电影制片人、导演、演员多种身份于一身，集帅气、多金、天才于一体，斯坦·李曾这样形容他:“霍华德·休斯是我们这个时代中最多姿多彩的人物之一，他是位发明家、冒险家、亿万富豪，还是个疯子。”

而在霍华德·休斯去世 40 年之后，再把这些词拿来描述埃隆·马斯克，同样十分恰当。因此，2007 年，小罗伯特·唐尼要饰演钢铁侠时，为了寻找灵感、丰富角色，特意来到 SpaceX 总部参观，找到马斯克，希望能和他好好聊聊，因为在很多人看来马斯克就是现实版的“钢铁侠”。而马斯克也客串了《钢铁侠 2》，两位“钢铁侠”在剧中还亲密互动了一下。

美国《时代》杂志在封面文章中如此描述马斯克:“他是地球上最富有的人，但他没有一处地产，近期还在大举抛售股票。他将卫星送入太空，他充分利用太阳能，他创造的汽车不仅不用汽油，甚至连司机都几乎可以不用。他一句话就能说得股市上蹿下跳。他有大批拥趸，将他的每句话奉若圭臬。他驰骋地球，向往火星，百折不挠，志在必得。”

二

埃隆·马斯克的成长历程看起来非常像一个经典的好莱坞故事——一个童年并不幸福的孤独的天才克服种种磨难最终走上了人生巅峰。

马斯克的童年生活一言难尽。1971 年 6 月 28 日，马斯克出生在南非的比勒陀利亚，彼时正值南非种族隔离最血腥的年代，最不受欢迎的便是白人孩子。马斯克的性格又很内向“古怪”，谁都和他不在同一个频道，他总是陷入发呆的状态，目光呆滞，看向远方，有人走过来与他说话，他也没有丝毫反应。父母以为他是听力有问题，带他去看医生，医生为他做了一系列的检查和测试，判定他应该是耳聋。医生认为，如果把扁桃体摘除，应该可以改善听力。于是，父母决定把他的扁桃体摘除。但手术无济于事，他依然经常“听不见”。因此，“古怪”的马斯克没有一个朋友。

不仅如此，马斯克的父亲还有家暴倾向，这令他们的家庭关系很是紧张。八岁时马斯克父母离异，此后他经常搬家，换过七所学校。颠沛的生活，让马斯克更加沉默内向，成为校园暴力的对象——受到孤立的他甚至曾被同学从楼梯上扔下并殴打，导致昏迷。41 岁时，他还做了手术来矫正儿时被殴打所造成的鼻中隔偏曲。

因为被孤立，被霸凌，马斯克把大把的时间花在了阅读上。同时，他遇上了他的最爱——计算机。他在计算机世界中游刃有余，并逐渐展露出过人的天赋：9 岁便学会了编程，12 岁时设计了一款太空主题游戏 Blastar，并以 500 美元的价格售出，为此他的名字还登上了南非科技杂志。

17 岁时，马斯克做出了一个令所有人出乎意料的举动——只身一人坐上了前往加拿大的航班。此后，他就读于安大略省的皇后大学，随后转入美国宾夕法尼亚大学攻读经济学和物理学。大学期间，他找到了自己的兴趣所在：互联网、清洁能源以及太空探索，他坚定地认为这三个领域将影响人类未来的发展，而这也为他以后的火星帝国埋下了种子。

1995 年，24 岁的马斯克考取了斯坦福大学的博士，但他认为此时的科技已经在以飞快的速度发展，如果将时间都花费在学校，或许会错过很多的机会。且乔布斯、拉里・佩奇等这些商界传奇人物的经历也给了他很大的启发。于是，在入学后的第 2 天，他便决定退学，开始自主创业，与弟弟金博尔·马斯克创办了他的第一家正式的公司环球链接（Global link）。

Global link 类似于马云当年创业做的“黄页”，将商家信息录入网站，当用户在网站上搜索商品时，根据搜索内容，向用户推荐附近的商家名称及其地址。虽然公司的起步相当艰难，但马斯克兄弟仍投入了巨大的热情，他们的努力也收到了回报，一家来自硅谷的投资公司给他们投资了 300 万美元，Global link 后来变身为更为人所知的 Zip2。

Zip2 的发展十分顺利，1999 年，美国电脑制造商康柏公司以 3.07 亿美元现金和 3400 万美元股票期权收购了 Zip2 公司。这一年马斯克 28 岁，这次收购不仅让他赚到了人生的第一桶金——2200 万美元，还让他开始有了名气。

但马斯克的梦想是改变世界，为了实现自己的梦想，他开始寻找新的领域，并将目标指向了在线金融和电子支付，他认为，这将是互联网时代的必然趋势。于是，他找到了两位来自硅谷的合伙人，一起创办了一家在线金融服务公司“X.com”，1 年后 X.com 与竞争对手 Confinity 公司达成一致进行合并，新公司就是后来著名的在线支付服务商贝宝（PayPal）。2002 年 10 月，彼时全球最大的电商平台 eBay 以 15 亿美元全资收购了 PayPal。当时马斯克拥有 PayPal11.7% 的股权，因此，这一次的收购又让马斯克获得了 1.65 亿美元。

紧接着，马斯克把眼光转向了一个更遥远也更宏大的目标——火星。

这个异想天开的目标让马斯克成了众人眼中的“疯子”，所有人都觉得这太疯狂了，eBay 创始人杰夫·斯科尔甚至公开嘲讽他。但马斯克探索太空的目标坚定且执着，他并未将这些反对的言论放在心里，而是开始积极地规划星际之旅。可包括美国国家航空航天局（NASA）在内的众多美国航天机构都对探索火星没有兴趣，于是，马斯克决定从俄罗斯购买三枚弹道导弹，将其改装一下来做运载火箭。同样，俄罗斯人也认为“前往火星”太疯狂、不靠谱，给出了远超马斯克预算的报价。

满怀信心的马斯克失望而归，所有人都认为，他的这个白日梦就此结束了。然而，马斯克在回程的路上突然兴奋地宣布：“我觉得，我们可以自己造火箭！”说干就干，从俄罗斯回来 4 个月后，太空探索技术公司 SpaceX 就成立了，马斯克几乎投入了全部的身家，开始致力于研究火箭低成本制造及回收技术。

在 2004 年，他投资了一家以环保为目标的电动汽车公司，这家汽车公司以发明家、电气工程师和科学家尼古拉·特斯拉（Nikola Tesla）的名字命名——特斯拉（Tesla），自此，整个世界认识了这位“疯子”。

然而，SpaceX 出师并不顺利。从 2006 年 3 月到 2008 年 8 月，SpaceX 发射的三次火箭，都以失败告终。制造火箭又是世界上最烧钱的项目，SpaceX 的钱快烧完了。祸不单行，同年，因巨大的资金缺口及金融海啸，特斯拉也濒临破产。

一时间，马斯克成了媒体口诛笔伐的哗众取宠的“骗子”。

这是马斯克人生最为艰难的时刻，后来他每每回忆起那段时光，都眼含热泪。但失败并没有击垮马斯克，即使财富所剩无几，他仍然乐观地鼓励员工们再接再厉。终于，2008 年 9 月 28 日，SpaceX 第四次火箭发射成功。这次成功不仅是现代科学和商业的奇迹，更为重要的是，它让马斯克赢得了 NASA 的青睐。2008 年 12 月 23 日，马斯克收到了最为激动人心的圣诞礼物——NASA 决定选择 SpaceX 作为国际空间站的供应商，这为 SpaceX 带来了 16 亿美元的资金。绝渡逢舟，这笔钱解决了 SpaceX 的财务危机，也拯救了摇摇欲坠的特斯拉。

自此，一切都开始朝着好的方向发展，马斯克的商业版图也徐徐展开：进军清洁能源领域，收购光伏发电公司太阳城（SolarCity）；创立脑机接口研究公司神经联结（Neuralink），让科幻走进现实；关注人工智能，投资 Open AI；为解决交通问题，创建基础设施和隧道建设公司 BoringCompany，并计划打造超级高铁 Hyperloop 交通系统。至此，马斯克这个曾被众多人嘲讽耻笑的“疯子”，成了 21 世纪最瞩目的科技创业者。

小罗伯特・唐尼认为，钢铁侠托尼・史塔克和埃隆・马斯克就是同一类人——因为他们一旦抓住一闪而过的创意，就为自己的想法倾其所有，1 秒都不会浪费。

所以，马斯克被称为硅谷的“钢铁侠”。

三

从 1995 年 24 岁创立第一家公司开始，到 2021 年 50 岁成为世界首富，在 26 年的时间里，马斯克不仅在计算机科学、新能源、人工智能、火箭科学等各个尖端领域取得了技术上的突破与创新，更在商业上取得了巨大的成功，创立了世界级的前沿企业。

除了这些辉煌的成就，人们也好奇为什么他能在如此多的领域创新成功？为什么他能在如此短的时间精通这么多学科知识？

对此，马斯克在采访中回答说：自学。他有一套自己的学习方法，不仅能够让他快速获得所需的知识，还能让他将各领域知识进行迁移贯通，运用到产品创新中。也只有这样，才能保证创新是颠覆式的。

他常说：“要多想想 iPod 是如何取代随身听的，iPhone 是如何颠覆黑莓的，这样就能告诫自己，做事情不是只需要好出 10% 就可以了，而是要创造出 10 倍的价值。” 2007 年，乔布斯推出了第一代 iPhone，多年以后，很多人仍对那款并不完美的 iPhone 记忆犹新——因为乔布斯坚持重新发明手机，而 iPhone 也确实开创了一个新时代。正是这样的想法促使马斯克成为 21 世纪最伟大的科技创新者，他的每一次创新都走在了时代的前列。

当然，马斯克的创造天赋与他极高的学习天分密不可分。马斯克的母亲梅耶在他的扁桃体被摘除之后终于发现，马斯克经常陷入神游并不是听力出了问题，他之所以对外界刺激没有反应，是因为他常常沉浸在自己的思考中。梅耶后来说：“他总是在思考，然后就进入了另一个世界，我只好随他去了。”

多年后马斯克解释这种现象时说，那些知识就像工程图纸一样在他的大脑中呈现出具体且清晰的图像，“就好像大脑中专门用于视觉处理的那部分，就是本来应该处理眼睛所接收到的图像的那部分，被内部思维占据了”。他把自己的大脑比作一块图形芯片，这样他就能将看到的知识复制到脑海里，然后将各种知识进行交互演算。这种超强的、直接进行视觉转换的能力，让马斯克学习效率极高，同时也让他能自如地在各学科之间转换。

虽然先天基因强大，但梅耶认为，马斯克成功的最大秘诀不在于天赋有多强，更多地在于“读书”。马斯克自幼年起就对书籍如饥似渴，每天读书超过 10 个小时是家常便饭，如果马斯克不见了，梅耶知道总能在图书馆或书店找到他。梅耶甚至担心这个孩子的书呆子气太重了。他什么都读，且都能熟记于心，即使是在餐桌上随意问起地球与月球之间的距离，他也能随口说出精确的数字。他在家人、朋友心中的“埃隆百科”的书呆子形象由此奠定。

天赋难得，但方法易习。我们也许没有马斯克的天赋，但我们可以学习他的学习方法。从马斯克的故事中，我们很容易看到这些标签：阅读、行动、追求、坚持、努力、思考、蜕变……这些不是马斯克某一时刻的标签，而是在他的人生中无限循环并践行着的。我们可以通过学习他的思维方式、学习方法将这些标签变成我们人生的技能点，为梦想的实现、目标的成功增加权重。

第1章

学习方法
也是一场认知革命

人类学习的本质不是复印，而是重新建构，即在理解的基础上重新思考别人的知识，验证、重组，最终转变为自己的知识与能力体系，转变为自己观察和理解世界的思维模式。

科幻小说《三体》中有一个词“降维打击”，是外星三体人打击地球人的策略。地球的人类生活在三维世界，三体人用宇宙规律武器二向箔将太阳系由三维空间降至二维空间，让人类无法适应，以此对地球文明进行打击，乃至毁灭地球。

因此，“降维打击”的本质也可以理解为，不直接攻击目标，而是通过打击目标的惯有生存条件，让目标无法生存。

虽然在小说中，“降维打击”看似是天方夜谭，但其实，在现实生活中，在我们的身边，就存在着很多“降维打击”！比如，汽车对马车的打击，智能手机对功能手机的打击，数码相机对胶卷的打击，电商对实体商店的打击，外卖对方便食品的打击，在线视频对影碟租赁实体店的打击，等等。这些案例中，汽车、智能手机、数码相机、电商、外卖、在线视频都可以看作是来自高维度的竞争者，它们没有在既定的渠道、成本、技术上进行竞争，而是直接颠覆这个行业，甚至是跨行业进行冲击，从更高的角度和维度重新定义行业生态。

除了这种宏观的行业更迭，仔细观察，我们也常常受到来自身边人的降维打击。比如，同一个宿舍，你还在为怎么让简历更好看烦恼，而别人已经做好了5年职业规划；同一个部门，同样的业务，别人的方案和业绩总是高出一筹。很多时候，你认为的难题，对他们来说好像根本不存在，而他们做的事情很多你甚至都不能理解，但那恰恰是对方在更高的维度中看到的应该努力的方向。

所以从思维认知的角度来说，“降维打击”还可以理解为：“当问题与认知处于同一个维度，问题就很难被解决；但如果认知所在的维度比问题所在的维度高，那么，问题就会迎刃而解，甚至问题都不再是问题。”

那么，为什么身边的人会对我们形成降维打击呢？最核心的原因在于：认知。

培根在《习惯论》中说：“认知决定思维，思维决定行为，行为决定结果。”

一如你一定听过的这些话：

“这个世界最大的公平在于，当你的财富大于认知的时候，这个世界就有100种方式收割你，直至你的认知和财富成正比。”

“你所赚的每一分钱都是你对这个世界认知的变现，你所亏的每一分钱都是因为你对这个世界认知有缺陷。”

“你永远赚不到超出你认知范围以外的钱，除非靠运气。但是靠运气赚来的钱，最后往往会靠实力亏掉，这是一种必然。”

所以说，认知层次高的人，格局更大，视野更宽，看得更远，因此，当他们遇到问题的时候，往往不会纠结于问题本身，而是能很快地发现问题的根源所在，找出问题的解决方向和方法。对认知层次低的人来说，当惯用的方法解决不了问题时，他们就陷入了困境，变得无所适从，只能认命地被降维打击。

尤其是在如今这个黑天鹅频现的时代，不论是个人还是组织，都面临着众多的不确定性，常常因为无法对趋势窥知全貌而困在低维度的死循环中，而若想破这个困局，就需要打破“旧思维”，提升认知，引入“新维度”。

在心理学上，我们的认知建立于既有的知识、经验、感知等基础之上。而提升认知最便捷高效的方法就是学习——通过不断学习，扩充知识，积累丰富经验，进而突破惯性认知。

那么，什么样的学习，才能有效提高我们的认知呢？

学习不得法，多是认知出了岔

在很多人看来，学习没有捷径可走，努力、再努力似乎就是最为有效的方法。但我们也经常看到学习特别努力却不见成绩提升的情况。

《乌鸦喝水》的故事大家都知道，小乌鸦口渴想喝瓶子里的水，它思考一番后，发现瓶子周围有很多石子，于是衔住石子丢进瓶子，足够多的石子让水位上升，乌鸦终于喝到了水。人们常常用这个故事来说明思考和学习的重要。

有人续写了这个故事。乌鸦利用石子喝到水的故事在乌鸦族群传开了，它成了所有乌鸦的榜样。这天，有一只乌鸦口渴了，它也发现了半瓶水，准备效仿榜样乌鸦。可瓶子周围没有石子，它飞了很远找到了石子，于是一趟一趟地飞，一颗一颗地衔，最终累得在石子边喘息，鼓励自己就差最后一颗了。可这时一抬头，发现面前就是一条清澈的小溪。

这只乌鸦就像努力学习的我们，课程报了一大堆，书看了一大堆，但效率低下，收效甚微。很多人把学不好的原因归结为自己天资不够、能力跟不上、头脑不够聪明……其实，很多时候不是我们的资质不行，而是我们的认知出了问题。

老鼠赛道

《好好学习》一书写道："我们越努力，跑得越快，要学习的新知识就越多。这就是让我们陷入学习的'老鼠赛道'。在老鼠赛道中，我们看起来一直在努力，其实是在原地打转。"

那什么是老鼠赛道呢？

比如说，想学习写作，于是买了很多专业写作书籍，结果读完之后发现写作还是没有逻辑，又报名参加了训练逻辑思维的培训，可学了之后发现文笔太差，文字没有情感，又报名了故事写作课，买了一堆相关的书籍……这就是老鼠赛道，看起来很努力，可是能力却没有任何的提升，一直在原地兜兜转转。

再比如说，你看到了 PPT 课程广告，说做好 PPT 是职场的加分项，于是报了名；你看到到处都在说演讲的重要性，想着这确实是自己的弱项，又报了名；你看到"10 天从理财小白到基金大师"的课程，很是心动，再次报了名……你很勤奋，报名参加各样培训，积极学习各种知识，生怕因为少学而跟不上时代的脚步；你很努力，认为只要遇到新问题都应该积极学习新知识，因此，你不是在学习各种新知识，就是在试图提升已有能力。但是，你也发现，你学习的内容不比别人差，投入的精力甚至比别人更多，成长却没有别人快，甚至都没有成长，只是在原地踏步。

觉得什么都想学，什么都应该学，这就像一个新手初入江湖，期待着能学遍天下功法秘籍，成为绝世高手，从此称霸武林。但真正的高手都知道，学习一万个招数，不如一个招数练习一万遍。没有方向的学习，其实是在用学习的手段去填补成长的焦虑。

学习如同一场解题之旅，做对题的前提是校对我们的认知，选对题。因此，学习之初，一定要在方向上打好基础，才能避免老鼠赛道的徒劳。

低水平勤奋陷阱

困于“老鼠赛道”是认知方向出了问题，而陷于“低水平勤奋陷阱”则是认知效率没有提高。

比如，你看到一本书，读了之后觉得书的内容非常精彩，让很多曾经困扰你的问题有了答案，书中列举的方法也非常实用，在很多地方都能用到。阅读的时候，你的注意力很容易集中在书的内容之中，读完只觉意犹未尽。于是，你想把这本好书分享给身边的同事和朋友，你只说“书好”，可当别人一旦问“哪里好”，你的脑子里装满了“好”，可就是说不出来，甚至没过多长时间，书里的具体内容也都不记得了。

这本读过的书，最终变成读了跟没读一样。

有个同学想提高写作能力，报名参加了写作课程，一报就是很多期，仅复训营她就参加了五期，到后来她还想再报的时候，老师都开始劝退。她这么持之不懈地学，不是这门课有多么精彩，而是她说一直没有找到写作的感觉，想多跟几期训练营，找找感觉。

她真的能通过一直上课找到写作的感觉吗？很明显，找不到，感觉不是等出来的。

之所以会出现“读了像没读，学了像没学”的情况，是因为我们把手段和目标混淆，让自己产生了一种错觉，觉得这本书读完了，书中的知识就是自己的了；这门课学过了，课程中的方法就会用了。但是，努力学习只是手段，不是目标，目标是知识的真正理解和运用。学得多不代表学得好，手段再厉害，达不成目标都是虚招。

很多人不是不愿意学习，不愿意改变，而是看不清困住自己的到底是什么。在学习的时候，只有输入没有输出，没有花时间、花心思理解知识背后的原理，将已有知识进行联系和延伸。如此的结果是，自认为努力的学习过程感动了自己，却并没有太大的收获。

差别在于认知

《高效学习：成为学习高手的 5 个方法》的作者西冈一诚高中时学习非常勤奋，但成绩始终不佳，高三模拟测试时偏差值只有 35 分（日本以偏差值来考量学生的成绩和能力，偏差值越高，成绩越好），高考也落榜了两次，他很沮丧，觉得自己就是个“笨蛋”。他不断思考怎样才能变聪明，开始寻找更有效的学习方法。第三次，他实现了梦想，考入了东京大学，要知道东京大学要求入学者的偏差值在80分以上。他也因此被称为“日本逆袭王者”。

从差等生一跃成为名副其实的尖子生，西冈一诚说他的方法很简单，那就是全方位向聪明人学习，掌握聪明人的思维方式。

西冈一诚寻找的聪明人就是目标大学——东京大学的尖子生们。他说：“通过搜集近50年来东京大学的入学考题，我分析了东大招生的真正意向。此外，我不断向东大的朋友和聪明人虚心求教，借他们的笔记，向他们请教，持续不断地模仿，努力学习他们科学的学习方法、阅读心得、作文技巧等。在这个过程中，我深切感受到：聪明人的思维方式的确与众不同。”

这些学霸的智商其实并不比普通人高出多少，他们之所以这么聪明，关键在于他们的思维认知，与他们掌握的知识多少及学习时间的长短没有太大的关系。甚至，他们学习的时间并不是很久，也没有学习太多的额外知识。是“思维认知的差异”，让他们成了“学霸”和“聪明人”。

爱因斯坦说：“你不能运用当前思考方式解决当下难题。”因此，想要提高学习的效率，我们需要的是认知升级。西冈一诚在不断的学习中，掌握了学霸们的高分法则与认知方式，以自己的经历告诉我们，只需要稍微改变一下大脑的认知方式，普通人也能成为“聪明人”。

学习方法既是世界观又是方法论

中国工程院李德毅院士说，人类进入智能时代历经了三次认知革命。

第一次认知革命大约发生在5000年前，文字、语言的发明使用让人类的智能可以作为知识而独立存在，文化和文明由此诞生，人类形成了智能的生态。

第二次认知革命大约是在500年前，科技大幅发展，人类对客观世界的认知有了突飞猛进的发展，物质和能量的认知发展，促使人们创造出多种动力工具及机械工具。

第三次认知革命大约开始于100多年前，生命科学、脑科学和人工智能成为主要研究对象，人们关注的重点是：认识人类智能，发明人工智能。

通过这三次认知革命，我们可以看出，人类智能本质上就是学习的能力。人类通过学习认知世界，通过学习解释现象、解决问题，最终以学习促进智能的发展，以学习加深对世界的认知。

从整体来看，学习既涉及世界观，也涉及方法论。

世界观：要有正确的学习心态和目的

世界观决定方法论。世界观清晰，前进的方法可以有很多种；世界观不清晰，即便再努力，也只能是在错误的道路上越走越远。

所以，拥有正确的世界观，拥有积极的学习心态和目的，是我们取得成就的首要因素。

心态上，找准兴趣，保持好奇。

兴趣是最好的催化剂。当你对所学的内容完全提不起兴趣时，学习会变得痛苦。因此，我们要认识自己、分析自己，对自己做出充分正确的判断，找到自己的兴趣点，然后刻意培养兴趣。

好奇是最好的老师。当我们面对新知识的时候，一定要保持好奇，积极探索它的价值，发现它能为我们提供的帮助。当你对知识有了清晰的认知，也就能进一步发现知识的魅力。

目的上，切合实际。

实践是检验真理的唯一标准，我们的学习最终是要与实践结合在一起的——通过实践，检验所学知识，发现它的价值；同时，通过实践，优化和提升知识。

充分认识自己之后，我们要依据自己的实际情况设定学习目的。这个目的一定要切合实际，以避免因目标难以完成而一蹶不振。

积极良好的心态和目的是我们真正学到知识的基础。跳出学习，从长期来看，这也是我们探索世界的前提。

方法论：要学，更要习

吃得苦中苦，方为人上人，这句话讲的道理非常好，鼓励人奋斗图强、积极向上。但这句话的方法是缺乏的。正确的态度很重要，正确的方法也很重要。

学习也是如此。学习要讲究方法。学习要学，但也不能忘了习，不然所有的努力，都将变成一场空。正确的学习方法论，不仅能帮助我们确定正确的学习方向，还能帮我们制定合适的学习方法。

那么，什么样的学习方法论才是正确的呢？

从认知心理学的角度来说，学习就是要丰富完善自己的思考角度和方式，通过联想让知识产生相互联系，深入本质，真正理解和掌握知识。具体来说，就是要将学习体系化；善用抽象归纳总结，书要读厚，更要读薄；学会迁移思考，将所学知识相互联系，注重输出——这也是将他知转变为已知的重要环节；融会贯通，达到全局性理解。正确的学习方法论可以有效帮助我们实现这样的学习效果。

作家李尚龙老师说过："没有计划的学习，只是在作秀。"

真正的学习，既要有正确的世界观，能够有准确的自我认知，确定自己真正需要和感兴趣的目标；又要有正确的方法论，能寻找到适合自己的方法实现学习目标。

但要注意，不要把关注点局限在某一领域，不要先入为主、思维固化，要用一种勇于打破常规的精神去学习，去探索世界。

机器学习时，可以直接复制粘贴，人类学习时，却无法将另一个人的知识、能力直接复制过来。人类学习的本质不是复印，而是重新建构，即在理解的基础上重新思考别人的知识，验证、重组，最终转变为自己的知识与能力体系，转变为自己观察和理解世界的思维模式。人类学习的重点不是要掌握某一个知识点，而是要掌握探究世界和解决问题的方式、途径。

天才的马斯克与他的“反天才”

学习，促进成长；认知，决定人生。

那么，有什么能快速提高学习能力、提升认知水平的方法吗？

孔子说：“见贤思齐焉，见不贤而内自省也。”

巴菲特说：“想成为最优秀的人，就要向最优秀的人学习。”

优秀的人通过长期的学习，将大量的知识进行筛选、提炼、转化，才在思维、认知以及处事方法等方面取得了显著的成绩。因此，向优秀的人学习，向优秀的方法学习，将有助于我们更加精准地确定学习方向，提高学习的效率。话说到这里不得不多说一句，向当下时代最优秀的人学习效果更好，因为作为这个时代最优秀的人，其思维方式、认知方式也会与当下环境最契合，向他们学习会为你打破认知局限提供方法、方向，让你实现想不到、做不到的目标。

谷歌的创始人拉里·佩奇就把马斯克当作榜样，号召其他人都应该向马斯克学习。佩奇认为，在这个飞速发展、不确定频发的时代，应该多一些像马斯克这样的人物，“具备广博的工程学和科学背景，接受过领导技巧训练、MBA 培训或者具有经营业务、组织互动和筹集资金的相关知识”。他说：“当你能够综合考虑这些学科时，你将会产生不一样的想法，能够梦想实现一些更疯狂的事情，想象它们会怎么运作。我认为对世界来说，这才是最重要的，这样我们才能进步。”

佩奇是马斯克最好的朋友之一，他总是当众称赞马斯克是自然赐予人类的独一无二的人——因为马斯克总能将那些别人想都没有想过的事变成现实。他认为，学习马斯克，可以帮助自己在商业世界中走得更远。

但是，在很多人的认知里，天才都是天生的，普通人与天才之间的鸿沟几乎无法逾越，天才的高智商是不论如何努力都无法达到的。

不过，爱因斯坦曾将自己获得成功的方法总结成一个公式：

$$a = x + y + z$$

a 代表成功， x 代表艰苦劳动， y 代表正确方法， z 代表少说废话。

因此，这个公式也可以写为：成功 = 努力 + 方法 + 专注。

2014 年，马斯克在南加州大学商学院做毕业演讲时，曾将自己对工作和人生的思考总结为四个要点：

1. 努力工作，别人工作 50 个小时，你就工作 100 个小时；

2. 和自己尊敬的人一起工作，向他们学习；

3. 不要人云亦云，做事专注于重点；

4. 趁着年轻还不用承担责任时，勇敢冒险，做自己想做的事。

这几点刚好与爱因斯坦的成功公式相对应。据此，我们也可以看到成功不在于是否天生聪明卓绝，而在于是否找对了学习方法，是否足够努力和专注。

从 Zip2、PayPal，到 SpaceX、特斯拉，再到太阳城、脑机接口等，马斯克能在不同的商业领域取得非凡的成功，在很大程度上得益于其极强的学习力。

他说："我的建议是，要想明白事物的本质，应该读一读书，因为我就是靠书本长大的。我发现自己不知道的东西太多了，而所有的一切都在书里。我发觉自己为了实现目标，学会了任何需要学习的东西。实际上，大多数人都能做到这一点，但他们往往自我设限。人的能力比想象得要强。我发现，如果你读很多书，并且多与人交流，你几乎可以学会任何事情。"

"多读书，多交流"，天才马斯克给出的方法非常接地气。马斯克之所以成为拉里·佩奇口中当下最值得学习的人，是因为他能将同一种底层思维应用到不同的领域，而不是针对不同的领域提炼不同的方法。马斯克多领域的跨界成功，也告诉我们，虽然现在学科领域众多，但只要掌握正确的学习方法，便可以在不同学科领域之间联想跳跃，从而激发出更多的创意，加速实现我们的梦想。

亚伯拉罕·林肯说："至于那些获得巨大成功的人，其他人通过模仿他们的行为，要获得一样的成就也并不是很困难。"其实，普通人和天才之间最大的差异是认知和思维的差异。通过模仿和学习天才的思维方式、学习方法，改变我们大脑的运转方式，我们也可以取得成功，成为“聪明人”中的一员。

马斯克的底层思维是什么？我们该如何学习他的思维方式和学习方法呢？

第2章

马斯克的书房——海量阅读，蓄力高效成长

海量阅读
与优秀者同行
坚持第一性原理
跨领域学习
学习迁移

当马斯克的母亲被问道：“除了先天基因，还有什么塑造了马斯克？”她的回答是：“读书。”马斯克从高中时代开始就已很精通“书脑思维”，他选择了“为用而读”。

当记者问埃隆·马斯克:“你从哪里学会建造火箭的?”

马斯克回答说:“看书。”

当清华经管院钱颖一教授采访马斯克:“火箭发射技术非常高端,但你是靠自学的,能不能和我们一起分享一下你学习的秘密?”

马斯克回答说:“很简单,就是读很多书。”

当《纽约客》杂志问马斯克:“宇航梦起源于哪里?”

马斯克回答说:“源于科幻小说。”

当马斯克的母亲梅耶·马斯克被问道:“除了先天基因,还有什么塑造了马斯克?”

她的回答是:“读书。”

书籍是马斯克不断创新的源泉。甚至马斯克自己都说,养育他长大的首先是书籍,其次才是父母。

马斯克平均每周工作 85 个小时,而“996 工作制”1 周也不过工作 72 个小时。工作强度如此之大,马斯克依然能抽出时间阅读,而且阅读量远超常人。马斯克的弟弟金博尔·马斯克就曾说,马斯克自青少年时期起每天都能阅读两本书,而且是不同学科的。

“一天读两本”,单单这五个字就已经劝退绝大多数的人。实际上,这种看似只能仰望的大神级的人物,其阅读方法也是有迹可循的,只要学会了他的阅读方法,我们也能解锁这种“超能力”。

让“多巴胺”带你爱上阅读

马斯克说：“人们总是有自我的局限，这个局限是你有多大的意愿和能力去学习。读书就是很好的教育，是冲破这个局限的很好的方法。”

而这也是马斯克能通晓多个领域的知识，并且在不同领域都达到了顶端的原因。当普通人觉得能在一个领域有所建树已经算得上成功时，马斯克却能通过大量的阅读，一次次地冲破局限，到达新的领域。

回到我们自己，想一想，你最近一次读书是在什么时候？最近一次的读书计划是什么？定下的读书目标实现了吗？

你是否很久没有读书了？读书计划是否刚制订完就被抛到了脑后？新买的书是否拆封后再也没翻开？激情洋溢地买了读书会课程，是否听了几次再没听过？信誓旦旦加入了读书社群，却对每天的打卡视而不见……为何我们深知读书的重要性，却又如此懈怠呢？

归根结底，就是没有为自己找到阅读驱动力。

在《驱动力》一书中，丹尼尔·平克将驱动力分为三个层次：第一层生物驱动，第二层外在驱动，第三层内在驱动。

据此，我们也将阅读驱动力分为三种：内部驱动、外部驱动以及任务驱动。

如果没有驱动力，只有阅读冲动，那么阅读也就只能持续 3 分钟。一个人只有找到了阅读驱动力，才能够持续，才不会轻易放弃。

内部驱动：由兴趣激发

在三种阅读驱动力中，我们最熟悉的应该就是内部驱动，即出于本身对书籍的喜爱和兴趣而坚持阅读。

马斯克就是典型的内部驱动阅读。

从小，马斯克就书不离手，如饥似渴。弟弟金博尔说：“他每天读书 10 个小时是家常便饭。”这种自发的内部驱动的效果非常明显，小学三四年级的时候，马斯克就已经把学校及邻近图书馆的书都看完了，甚至他还试图劝说图书馆员帮他订更多的书。九岁的时候，他开始阅读《大英百科全书》，这套巨著让他看到了更多未知的东西。

一时兴起的读书大多是漫无目的、随心所欲的，开始得随意，结束得也非常随意且迅速。而内部驱动则会让人更容易投入到书籍里，与书产生共鸣，引导我们深入探寻——因为这种阅读建立在自我认知的基础上，能够成为我们思想上的导师。

马斯克改变世界的渴望就是源于托尔金的《魔戒》，马斯克被书中霍比特人、矮人、精灵、人类一起携手拯救世界的情节感动，这为他以后的事业埋下了萌发的种子。他甚至自己开始写关于龙和超自然的故事，并说想写一个像《魔戒》这样的故事。

马斯克还十分迷恋《银河系漫游指南》，这本由道格拉斯·亚当斯创作的小说，融合了喜剧和科幻的特点，在世界各地积累了大量的读者，被称为“科幻圣经”。在书中，外星人要修建一条超空间快速通道，地球因挡了外星工程的路，顷刻间被摧毁。唯一的幸存者亚瑟·邓特和他的外星朋友福特·大老爷坐上了“黄金之心”号飞船，在宇宙内展开了一场令人捧腹的冒险。在冒险中，他们发现地球居然只是一台由老鼠建造的超级计算机，其存在目的是解释为何“生命、宇宙以及任何事情的终极答案”是42。亚当斯在书中指出，最困难的部分是提出问题，这深刻地影响了马斯克的思考方式，他由此构建了“比解答问题更难的是提出问题”的思维模式。他说：“一旦你了解了问题所在，答案就变得相对简单了。我从中得出结论，我们应该立志去增强人类的自我意识，这样才能更好地去理解问题所在。”马斯克十分迷恋《银河系漫游指南》这本书，甚至当他将特斯拉 Roadster 跑车送上太空时，那辆车的中控屏幕上就显示着小说中反复强调的“Don't Panic!”（别慌！），借此向《银河系漫游指南》致敬。

《银河系漫游指南》为马斯克提供了一个底层观念，艾萨克·阿西莫夫的《基地》系列则为马斯克提供了一个亟待解决的问题和具体的方法论。《基地》系列讲述了统治银河系12000年之久的银河帝国逐渐走向灭亡的故事，故事架构虽然对照了《罗马帝国衰亡史》，但又是一个“现代的银河帝国”。《基地》系列对马斯克的影响巨大，他甚至还总结出了三条启发：

1. 应该尝试去做能延长人类文明的事情。

2. 减少进入黑暗纪元的可能性。

3. 如果已经是黑暗的年代了，那应该去缩短其长度。

这三条启发后来都一一对应到他的科技商业版图上：

1. 为了延长人类文明，创建 SpaceX，让人类可以实现多行星生存。

2. 资源是有限的，煤炭、石油、天然气终将有被耗尽的一天，为了减少进入黑暗纪元的可能性，投资电动车特斯拉，以降低人类对石油的依赖。

3. 为了缩短黑暗年代的长度，创建 SolarCity，通过发展太阳能光伏系统为其能源革命提供支持。

除此之外，马斯克还特别喜欢罗伯特·海因莱因的《严厉的月亮》，还有阿瑟·克拉克等人的作品。他认为，科幻的魅力，在于“突破常规的束缚”。他从科幻作品之中汲取了许多灵感，对技术的偏好也在这些书籍的启发下开始升温，梦想着让科幻作品逐步成为现实。这些科幻作品让少年马斯克找到了自己的使命，即“唯一有意义的事情就是为人类争取更大的集体启蒙”。自此，人类在宇宙的征程也成了马斯克今生的征程，他说：“跟漫画里一样，英雄必须要拯救世界，必须让世界更美好。”

马斯克还热衷读历史类图书和人物传记，本杰明·富兰克林便是他心目中的英雄。这位出生在波士顿城的伟人，一生只上了2年学，但是他提倡的道德理念却影响了美国200余年。他是杰出的政治家，是美国的开国元勋；他被称为现代文明之父，一生有多项发明，是电学的先驱者，并在物理学、化学、热学、海洋学等学科领域都有杰出的贡献；他一生致力于公共事业，创办了美国第一所现代高等学校、第一家图书馆、第一家医院，组建了美国第一支消防队。富兰克林在众多领域成绩斐然，这让马斯克敬佩不已，他说："富兰克林做了当时他要做的事、必须做的事，他在不同的领域思考哪些事情是现在需要完成的，然后专注去做。"而这也成了他的做事标准。

对阅读由衷的爱好也让马斯克从来不将自己局限在某一专业领域，他的阅读范围包括文学、哲学、宗教、编程、人物传记，后来还扩展到物理学、工程学、产品设计、商业、科技和能源等领域。通过大量且广泛的阅读，马斯克了解到了众多领域的知识，这激发了他的想象力，也让他由此搭建起了自己的知识架构，萌生了改变人类未来的宏大野心。

马斯克自己也承认，从小开始的阅读习惯是他所有疯狂想法的底气，阅读时产生的一个个灵感，都成了他日后的创意火花。

除了马斯克，世界顶尖的5家公司的掌门人——比尔·盖茨、史蒂夫·乔布斯、沃伦·巴菲特、拉里·佩奇和杰夫·贝佐斯，也都因为兴趣、爱好、好奇心等内部动机，很自然地进行广泛的阅读、学习，并努力将不同领域的知识融会贯通，并在此过程中不断产生奇思妙想。可以说，坚持跨领域阅读是创新、创意产生的不二法则。

内部驱动对长期阅读的激励效果非常明显。因此，在做长期阅读规划的时候，我们最好先从自己的兴趣、爱好入手。知乎上有个网友非常喜欢《哈利·波特》，不仅看完了全套书，而且还对其中所包含的西方历史、文学和文化背景知识产生了兴趣，开始阅读相关方面的书籍，后来俨然成了一个西方文化通，并在了解了西方文化后，对东方的神话传说也产生了浓厚的兴趣，又开始了新的历程。

这就是由一个点，织成了一张网。

当你在兴趣的引导下开始阅读，并全身心投入其中时，你不仅会体会到阅读的快感，而且会享受到知识所带来的内心丰盈的、向上的力量，而这种力量最终会让你忘却生活中的烦恼和不快，推动着你追寻更高、更好的生命的快乐。

外部驱动：来自向往、恐惧的推力

你健过身吗？减过肥吗？

你是因为喜欢运动，想要健康，才去健身、减肥的吗？

我想，大多数人健身减肥是因为希望自己能够身材挺拔，能够被他人青睐，获得他人的关注和喝彩。

再想一想，你努力学英语、考雅思、考托福，是因为喜欢英语吗？

我想，大多数人逼自己背单词，是因为向往能去更好的学校深造，能有更好的工作机会，能获得更好的生活。

这些令人向往的愿景就是推动我们前进的外部驱动。

那么，阅读的外部驱动是什么呢？

同样地，是对美好未来的向往。

微博上曾有人讨论我们为什么要读书，有个人的回复很是让人动容。

他说："当我读诗歌时，瓦尔登湖上的清风徐徐拂过；当我读小说时，太平洋里的蓝鲸跃出水面激起浪花朵朵；当我看历史时，古堡的夜空繁星在闪烁；当我钻研哲学时，那些未曾想象过的仙境正走向我……"

这就是书籍的魅力，里面藏着你向往的生活。

人的认知有边界，只有不停地读书，以知识沉淀底气，以文化加持能力，才能打破人生边界，超越自我，掌控人生。

除了向往，还有另一种外部驱动——恐惧。

对马斯克来说，末世论的生存危机感和恐惧感，也是驱动他不断学习和探索的动力。他认为，地球能源终将耗尽，人类必须实现能源多样化，成为多星球栖居的物种，才能规避"单点失效风险"，人类这束微弱渺小的"生命与智慧之光"，才能在宇宙的无尽黑暗中保持永不熄灭。正是因此，他将阅读和学习的重点放在了互联网、新能源、太空探索、人工智能、生命科学这五个将深刻影响人类未来的学科上。

而对我们普通人来说，现代社会高速发展，黑天鹅频现，各种重大变故突如其来，很多人失去了安全感，对未来充满恐惧，对自身满是迷茫。我们需要阅读来应对危机。

中国政法大学教授罗翔说：“我们要读文学作品，读历史作品，读哲学作品，我们要不断地阅读穷尽。因为我们知识的想象力，让我们知道在人类历史的长河中有如此多伟大的灵魂，我们要与他们去对话。同时我们也会发现这么多伟大的灵魂，他们的一生并不是平平顺顺，他们会遭遇挫折，遭遇苦难。而如果他们会遭遇苦难，那为什么你就不能够与你的苦难和解呢？你就为什么不能把苦难当作你人生的剧本？当作你必须演好的一个剧本？”

有时候我们在阅读书中内容时，某个故事、某段语言，会突然触动我们心中的某处情感，让我们与作者感同身受，与文字产生共鸣。那些恰如其分的文字，让我们发现这个世界还有人与自己一样，还有人懂自己，内心的恐惧由此得以化解，心灵得到治愈。

蔡康永曾说过一段话：“15 岁觉得游泳难，放弃游泳，到 18 岁遇到一个你喜欢的人约你去游泳，你只好说‘我不会’。18 岁觉得英文难，放弃英文，28 岁出现一个很棒但要会英文的工作，你只好说‘我不会’。人生前期越嫌麻烦，越懒得学，后来就越可能错过让你动心的人和事，错过新风景。”这段话其实也是在启发每一个人——在这个不确定的时代，我们现在的每一次偷懒，都是在放弃以后过得更好的机会。

所以，保有“对美好未来的向往”和“对不确定未来的恐惧”这两种外部驱动，能够让我们动力十足地坚持阅读。

任务驱动：源自任务、问题的倒逼

2002 年 6 月，马斯克成立了 SpaceX 公司，准备打造一个新的人类太空文明，并把发射火箭作为 SpaceX 的首要目标。那时的他就是一个火箭“门外汉”。于是，马斯克开始阅读火箭及航天工业方面的几乎所有书籍，比如《燃气涡轮和火箭推进的空气动力学》《火箭推进原理》《天体动力学基础》等，他以近似冥想般的专注进行阅读、学习，不仅在最短的时间里了解了所需知识，而且也确定了自己造火箭会比购买俄罗斯现成的更便宜。如此，他从门外汉一跃成为火箭专家，不仅担任 SpaceX 的首席执行官，还作为 SpaceX 的首席设计师、首席技术官亲身参与了“猎鹰”重型火箭的计划和设计工作。SpaceX 成立后，仅用 6 年时间，就实现了“猎鹰”1 号的发射。

这就是阅读的第三种驱动力——为了工作和生活中的任务、为了解决当下面临的问题，倒逼自己阅读。

用任务倒逼阅读，其实在每个人的生活、工作中都很常见。

同学小林是个不爱阅读的人，但他突然被调到人力资源部之后，需要具备组织公司培训、大型会议和活动的能力，他只好逼着自己去阅读学习相关方面的书籍。工作上的要求带来的驱动力，让他必须不断地学习、提高。当然，效果也是显而易见的。

由任务驱动的阅读，甚至还可以帮助发掘自身的喜好和特长。

晓梅生完孩子后当起了全职妈妈，为了更好地带孩子，她阅读了很多育儿书籍、营养学书籍，甚至儿科医学书籍，成了育儿专家，后来还轻松地考取了家庭教育辅导师，不仅把孩子养育得很好，还开辟了自己喜欢的事业。

漫无目的的阅读，是随性的、随意的，阅读时，我们的大脑是放松的，因此很容易三心二意，出现“读了，好像又没读”的情况。而带着任务目的去阅读，则需要调动大脑的兴奋水平，让大脑保持专注和紧张，以便及时捕捉到自己所需要的内容。

任务驱动的阅读，首先要对自己的任务有一个清晰的分析和梳理，要对自己想要通过阅读来解决的问题有一个大致的了解，这样我们才能在阅读时更好地进行取舍。

另外，任务驱动的阅读还能促使我们发现不感兴趣的领域的特色，从而促进我们主动提高兴趣去探索。同学李希高中时最不感兴趣的就是历史，有一次老师布置了拓展作业，要每个小组选一个历史时期的成就做一个展示文件，李希的小组分到的是西汉时期，作为小组长的他不得已开始带头查找资料，结果越查越感兴趣，深深地被西汉时期的历史文化吸引住了，把图书馆里所有有关书籍都看了个遍，同时这个兴趣也延伸到各个时代，从此他对历史产生了浓厚的热爱。

所以说，带着任务去阅读，带着问题去探索，不仅可以让阅读变得高效，而且对提高我们的阅读能力也很有帮助。

让“多巴胺”带你爱上阅读

马斯克小时候很孤僻，后来他回忆说，儿时的他常常感到自己无法融入这个世界，好在找到了书这个好朋友。他很享受泡在书本中的乐趣，这也是他对抗孤独的唯一方式。

2009 年，英国苏塞克斯大学做了一项研究，以找到可以减轻压力、放松神经的有效方法。研究选择了阅读、听音乐、倾诉、冥想、散步等方法，结果显示，阅读是最有效的减压方式——只需要在安静的环境中，静心阅读 6 分钟，我们的肌肉紧张便能得到缓解，心率也会渐渐放缓，整体压力水平较之前会降低 68%。对于这个结果，研究主导者大卫・刘易斯博士解释说：“这是因为阅读时，人的注意力必须非常集中，进入书籍世界的专注会缓解肌肉和心脏的紧张。”

因此，可以说，沉浸在书中是一种终极的放松。

另外，阅读还会带来更多的多巴胺，而多巴胺是让我们感到快乐的源泉。

大脑分泌的多巴胺是种可以令人感到兴奋和开心的物质。尤其是当一件我们本以为根本完成不了的事，最终却完成了，根本没希望的事，最终却实现了，这个时候，大脑就会分泌比平时更多的多巴胺，让我们感受到更多的快乐。因此，若是一个不爱读书的人读完了一本书，或是一本原以为读不下去的书最终却读完了，这时我们的大脑就会分泌出大量的多巴胺，让我们体会到由阅读带来的愉悦。当我们坚持阅读时，多巴胺的正向刺激也会持续，最终我们就会喜欢上读书。

其实，我们在读每一本书的时候，都是在与作者对话，作者通过文字将思想、方法以及故事传递给我们，我们在书中找到情感依托，在书中找到思想共鸣，在书中提升能力境界。所以哲人们常说，与书为伴，其乐无穷。

我们看世界的高度，是由脚下读过的一本本书堆砌起来的，读的书越多，站得就越高，看得也就越远。而涉猎的领域则决定了看世界的广度，领域越大，看得就越广，角度也就越深刻。

这些由阅读引起的变化沉淀下来，便可以让人从内心生出力量，改变自己，改变这个世界。

培养“书脑思维”，找到阅读方向

首先，先问自己一个问题：“你是佛系阅读者吗？”

所谓“佛系阅读者”，就是听到有人说这本书好，就去读这本书，那本书不错，就去读那本书，随波逐流，在阅读时始终处于一种没有方向、没有目标的状态。

再想一想，你是不是经常焦虑自己和他人的差距，内心很想学习、进步，然后就囤了很多书？

小章就是这样一个既佛系又焦虑的阅读者。他很勤奋，立志要提高和改变自己。只要是听到或者看到说哪本书好，他都会毫不犹豫地买回来，不论是心理类、管理类、励志类、文学类、艺术类，还是其他类别，结果越囤越多。时间长了，他又不知道该从哪本开始，结果，这些书最后的下场都是被束之高阁。

在如今这个网络高度发达的时代，似乎处处都有知识大爆炸，随时随地好像都会有新的理念、新的名词诞生，如果不加快学习的步伐，似乎随时都会被淘汰。

我们该如何选择阅读方向，如何排解“知识焦虑”呢?

书籍是普通人的最强外援

现在的很多企业，都会请咨询专家或智囊团来助力，通常称之为“外脑”。

对个人而言，我们也需要请“外脑”，而书就是我们最容易请到的“外脑”。因此，我们需要培养“书脑思维”，在遇到困惑和问题时，放宽视野，从书中寻找答案，用别人的智慧来解决自己的问题。

马斯克从高中时代开始，就已经具备“书脑思维”了，他很清楚自己的问题和目的，选择“为用而读”。他只考虑“对于需要掌握的科目应该取得什么样的成绩”。

比如，在他看来，物理和计算机是最为有用的学科，也是他的兴趣所在，因此是学习的重点，他会竭尽全力取得好成绩。对于其他一些科目，即便是学校规定的必修课，如南非荷兰语，他认为完全没有意义，考试只要及格就可以了。他说:“我宁愿玩计算机游戏、写代码和读书，也不愿意去获得那些没有意义的 A。”

马斯克将这种“实用性”的学习标准贯穿始终，在大学也是专注于攻读物理学和商学。物理学是认知世界的工具，是创新研发产品的基石，而商学是将产品推向市场的工具，这两大学科都是马斯克实现创业梦想必不可少的知识。

创业后，马斯克更是将书籍当作最强“外脑”，只要出现了问题，他都会从书中寻找答案，一如他在书中学会了所有关于太空和火箭的知识，了解了航天工业及其背后的物理原理，从而更加坚信，只要将太空探索的成本降到足够低，人们探索太空的欲望就会被再次激发。

事实上，我们的大脑都有一个特点：不是将注意力平均分布在所有的信息上，而是有选择地去关注信息，大脑喜欢把注意力聚焦在未解的问题及等待处理的信息上。

马斯克的经验也告诉我们，只有明确了自己的问题，才能让大脑更有专注力，才能在知识洪流中找到自己真正需要的书籍。

明确自己的问题，善于向书提问，善于运用“书籍外脑”，而不是像小章一样，病急乱投医，忘记了从自己真实的需求出发。

书籍是众多智慧的结晶，时代虽然在变，但人性却亘古统一，所以，我们人生中的每一个困惑，其实都能从书中寻找到答案，而我们要做的就是厘清困惑产生的根本原因，然后对症找书。

聚焦三大阅读方向

那么，如何在有限的时间里更高效地找准自己的需要，从而解决“什么都想读却不知道读什么”的问题呢？

三大阅读方向

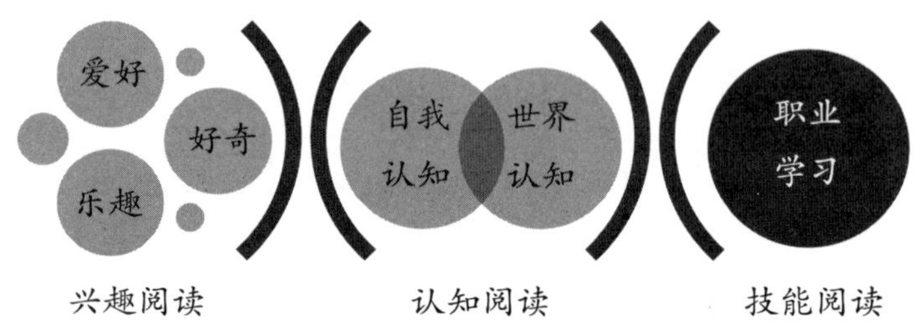

我们根据个人成长需求，将阅读分为三大方向：技能阅读、兴趣阅读和认知阅读。

在三大阅读方向中，兴趣与技能各居两边，认知阅读居中，是我们每个人阅读探索的核心。

第一，技能阅读，是指以提升我们职业技能和学习能力为目的的阅读，通常涉及的是工具类的书籍，目的在于令工作和学习技能更加熟练高效，从而提升做事的效率。最好的技能型阅读就是集中精力找到当下用得最多、最能为自己产生直接价值的书籍去阅读。就像马斯克一样，用什么，读什么；读什么，练什么。

比如前文中困惑的小章，他焦虑的原因是想提升自己的技能，而他的技能还可以划分为主业技能和副业技能。主业技能是当前他的工作职能所需要的能力。小章是公司销售，要提升工作能力就需要销售、沟通、谈判等方面的知识，而这就是书籍的选择方向。副业技能要从个人的兴趣爱好及特长出发。小章平时喜欢看网文，偶尔也喜欢写一些故事，他自己也想成为一个网文写手，那么关于写作方面的书籍就是他所需要的。如此，通过梳理，就能很好地找准自己的方向，而不是全盘统揽，最后一团乱麻。

第二，兴趣阅读，是从自己的爱好、乐趣出发，通过阅读享受生命，恢复能量，获得满足。一如伏尔泰所说："当我们第一遍读一本好书的时候，我们仿佛觉得找到了一个朋友；当我们再一次读这本书的时候，仿佛又和老朋友重逢。"

要想切实地从兴趣阅读中收获乐趣，关键在于辨别自己的真伪兴趣，发掘自己真正感兴趣的，而不是看到别人读什么，自己就想读什么，跟随别人、随波逐流都属于一时兴起的"假兴趣"，不仅不能长久，且无法在阅读中感受到快乐。比如小章有阵子看有老师解读《百年孤独》，看大家都说这本书经典，他也觉得非常好，便开始读，但他读得非常痛苦，因为他其实并不是真的对这本书感兴趣，所以也就无法从中获得真正的阅读乐趣。同样是名著经典，小章因为对历史很感兴趣，所以在读《枪炮、病菌与钢铁》的时候，废寝忘食，乐在其中，读完意犹未尽，体会到了实实在在的愉悦。

第三，认知阅读，它包括两部分：自我认知阅读和世界认知阅读。

自我认知阅读，是我们一生的功课。每个人的成长都有不同的阶段，而在每个阶段我们都会遇到不同的困惑，或者遇到难以突破的瓶颈。

比如，年少时，迷茫人生方向如何选择。马斯克从 12 岁开始就在寻找自己存在的意义，他的方式就是大量阅读尼采、叔本华等人所著的哲学类书籍。比如，人到中年，不可避免地遇到职场压力问题、家庭和谐问题、孩子教育问题。再比如，如何化解原生家庭的影响。这些人生各个阶段的问题和困境归其原因就在于，我们无法突破当时阶段的自我认知。因此，我们需要不断地通过阅读来认识自己，找到方法矫正自己，最终治愈自己。所以说，自我认知阅读应该是我们一生坚持的阅读。

世界认知阅读的主要目的是塑造我们的世界观。一看“世界观”三个字，想来很多人都会认为这是一个宽泛且宏观的概念，是形而上的东西，跟日常生活联系不上。但其实，世界观在我们的人生中至为重要，我们做出的每一个抉择，都实实在在地受世界观的影响。有一句话用来描述正确的世界观对我们人生的重要性最为恰当：“用最少的悔恨面对过去，用最少的浪费面对现在，用最多的梦想面对未来。”

自然科学、人类史、社会学、文化史等看似没有用的知识，却是我们了解世界、观察世界的窗口。阅读人文历史，是从时间上了解世界，在文明瑰宝中找到文化自信和文化归属，以史明鉴，建立起自己的骄傲心和进取心；阅读自然地理，是从空间上了解世界，了解祖国的雄伟壮观、世界的瑰丽绚烂、自然的鬼斧神工、宇宙的宏大莫测，感受人类的渺小、世间万物的智慧，提醒自己要保持谦虚心和包容心。

世界观就是我们对世界以及人与世界关系的总体看法和观点。一个人如果不阅读，只是囿于眼前之事，那么他将无法窥探到世界的美好、文明历史的奇妙，他的世界将会变得贫瘠无聊、荒芜浅薄；一个人如果阅读广泛，那么他对世界的了解会更深刻，看事物的眼界会更开阔，思维的格局也会更高远，人生也会更加丰富有趣。很多时候，我们羡慕别人不凡的才华，其实是在羡慕别人对世界的深刻独特的见解力，而这些能力的基础就是高格局的世界观。

在过往马斯克的采访中，他经常提到一些他读过的书，并鼓励人们都应该去读一读。他说，科幻小说改变了他看待世界的方式，他因此认为银河帝国应该是人类追求的目标；奇幻小说将以人类未来为己任的种子种在了他心间；富兰克林、爱因斯坦以及霍华德·休斯的传记让他看到伟人们是如何改变世界的，阅读他们的人生故事让他汲取到了很多智慧和力量。

此外，马斯克认为，科学、经济、文化类的书籍也是必不可少的。

比如，J.E. 戈登的《结构是什么？》，这本书可以帮助人们更深入地了解身边的事物是如何组合的，以及周围世界的构建原理。尼克·波斯特洛姆的《超级智能：路径、危险性与我们的战略》，不仅展示了未来科技会以前所未有的速度发展，发展的科技对人类会产生进一步的影响，也告诫人们要对人工智能持以理性的谨慎——这也正是马斯克对人工智能的态度。彼得·蒂尔的《从 0 到 1：开启商业与未来的秘密》，作为一本专业的经济类书籍，传递了很多让人为之一振的新观念，同时也以通俗易懂的语言教导人们如何在世界上创造价值。

马斯克还推荐过一本关于宇宙历史及其运转的书《大图景：论生命的起源、意义和宇宙本身》，书的主旨就是思考宇宙的本质，思考在没有意义的宇宙中如何构建意义和价值。这看似宏大空泛的理念，也进一步说明了为什么马斯克的梦想是改变世界。

我们从马斯克的书单可以看出，进行广泛的世界认知阅读，对于树立高格局世界观的重要性，对于我们人生的重要性。马斯克自己也曾说，为了了解宇宙的本质，为了解答生命的意义、存在的意义等这些基本的问题，我们必须扩大意识的范围和规模。

中央电视台原主持人张泉灵曾在职场真人秀《闪闪发光的你（一）》中说过一段话："北大做金融做得好的，其实大多数是哲学专业的。因为金融要想做好是不能盯着脚底下去看的，而是需要站在更高的维度，去看更远的未来。"这句话其实也显示了，人与人之间差距的本质即对于整个世界的理解和认知的高低不同。

世界观决定人生观，世界认知决定自我认知，我们如何理解这个世界，就决定了我们将如何度过自己的人生。

世界观不是一成不变的，人的每一次成长、每一点认知的积累，对我们世界观的提高都有帮助。时代总在奖励那些保持阅读、保持成长的人，根据这三大阅读方向，找准自己的需求，定下阅读目标，面对浩瀚的信息海洋才能不再迷茫和焦虑。

按照自己的速度前进

正如马伯庸老师所说："买书如山倒，读书如抽丝。"知识无穷尽，所以，不要急功近利，一本书有一本书的乐趣，按照自己的速度，不与他人攀比，只关注自己的感悟，即所谓“进一寸有进一寸的欢喜”。

当然，也不是所有的阅读都是轻松惬意的，也许某些书就是要皱着眉头硬啃下去。需求层次理论显示，完全沉迷于自我喜好是局限的，而那些读起来并不是很享受的书籍往往更能凸显“自我超越”的价值。当我们阅读这些书的时候，是在进行一种自我扩张，是在将我们的生命体验扩展到更大的范围。

《如何再次拿起书》中说：“只有当一位评论家起初带着强烈的个人喜好阅读，最终却完全超越那些喜好，能够在完全不合口味的作品里发现优点时，他才能有所成就。”

这点，也是我们普通阅读者应该具有的境界。当我们不是仅仅从某一本书中获得快感，而是从阅读这一行为中获得快感时，我们就是在突破自我局限的道路上勇往前行了。

每个人都有自己的“书脑”，每个人都有自己的阅读辨识标准，每个人也可能都有对自己影响比较深的书。这本书不一定必须是名著经典，也不一定非要有高深的思想观点，也许是本冷门偏僻的书，也许是本轻松诙谐的书，但这些都没有关系，只要你从书中获得了启发，感受到了情绪，对自我产生了积极影响，那么这本书对你来说就是好书。人生有不同的阶段，不同的书就像我们生命中遇到的不同贵人一样，会在不同的阶段给予我们不同的启发和帮助，从而让我们的人生之路少一些困惑，多一些坦途。

降低“理解成本”，提升阅读速度

很多人都曾经制订过阅读计划，比如，1 周读完 1 本书，今年要读 50 本书等，但很少有人能真的按时完成。大部分人认为半途而废的原因在于自己执行力差、缺乏毅力。

其实最主要的原因是，阅读理解成本太高，阅读速度太慢。所以，快速阅读才是打开阅读世界之门的钥匙。

回想一下，你是不是逐字逐句阅读的慢阅读者？

成功人士都是速读高手

对普通人来说，即使什么都不做，一天读两本书也不是一件容易事。马斯克却好像有超能力一样，他是怎么做到一天读两本书的？

他当然不是逐字逐句地精读。

不只马斯克，几乎所有的成功人士都是快速阅读的高手。

马克思为了写《资本论》阅读了 1500 多本书。如果没有超高的阅读速度，这一任务几乎很难完成。

曾经有人问比尔·盖茨和巴菲特：“假设现在能拥有一个超能力，你们期望获得什么样的能力？”

比尔·盖茨和巴菲特都希望自己拥有快速阅读的能力。

比尔·盖茨说：“所有成功者都是阅读者，所有领导者都是阅读者。如果我能多读点书，相信会比现在更成功。”

你看，越成功的人越渴望读书，因为他们真切地体会到了读书带来的巨大价值。

那么，怎样才能成为一个快速阅读者呢？

马斯克的知识树法

速读，表面上看是阅读的速度要快，但背后的逻辑是，理解得也要快。

为什么读书慢？

因为你总把理解多少内容作为衡量读书的标准。

真正的读书高手，绝对不会去试图理解整本书，而是将注意力集中在书中最关键、最需要的内容上。

越想理解所有内容，越容易造成负担，也就越容易浇灭阅读热情。这也是大部分人每次开始读书时都激情满满，但很快就偃旗息鼓的原因。

真正的速读训练的目的是，培养大脑快速的理解力和记忆力，而不是眼球转得有多快，眼睛看得有多远。

马斯克的阅读方法就是一个很好的借鉴。

在一场红迪网（Reddit）上进行的对话中，马斯克讲述了自己的阅读方法。

他说："要把知识看成是一棵树，先确保自己理解了基本原理，也就是这棵树的树干和树枝，然后再去抓住树叶，抓知识的细节，不然那些树叶将会无处栖身。"这其实也是运用了二八定律[1]和全局思维。树干就是20%重要的知识，只要掌握了这重要的20%的知识，80%的问题也就迎刃而解了。全局思维的核心则是，要站在更高的角度去审视分析，扒开迷惑的枝叶，找到重要的树干。

大多数人阅读速度低下，主要就是将这个顺序颠倒了，眼里只有那些茂密的树叶，心思全放在了细枝末节上，没有看到重要的树干。这便导致，即使看了许久，也不知到底眼前的是什么树。

我们的时间和精力是固定的，因此多少时间用在树干上，多少精力花在树叶上，其分配比例不同，收获也肯定是截然不同的。所以，想要快速阅读，就要像马斯克一样，树立全局思维，认清书的结构，找到重

[1] 二八定律：又叫帕累托法则，是19世纪末20世纪初意大利经济学家帕累托发现的规律。他发现，在任意一个群体中，最重要的只占小部分，约20%，其余的大多数占有80%，但却是次要的。

要的树干，然后，精读这 20% 的重要知识，掌握之后，再去梳理那些枝枝蔓蔓。这时，因为你已经掌握了树干，枝蔓树叶才能与主干知识建立起联系，所读的知识也才能在脑海中生根立足。

很多人认为慢阅读能记住更多内容，其实这是一个误区。

日本作家印南敦史 1 年可以读 700 多本书，但他不是每一本都逐字逐句地读，他所奉行的也是速度。他说，阅读就是为了邂逅 1% 的内容，无论慢阅读还是快速阅读，1 个月后你能记住的内容都不会超过 1%。不同的是慢阅读 1 周只能读 1 本书，而快速阅读 1 周可以读 10 本甚至更多。

我们想获取更多的知识，就要提升阅读量，因此阅读时一定要提醒自己，不要抱着理解所有内容的心态去读书，要尽量关注树干，看 20% 的关键内容就够了。

哪怕读完一本书，只有一句话感受深刻，也是收获。重要的是开始读书—完成读书—最后获得更多成就感，以此形成正反馈，养成持续阅读的习惯。

保持大脑集中且放松

科学研究已经证明：传统阅读时，只有左脑较为活跃，而速读时，左右脑都比较活跃。这说明，速读需要左右脑同时被调动，此时左右脑的优势能同时被激发，文字信息的形象辨识、意义记忆和理解也能同时进行。所以，速读又被称为全脑速读。

有研究表明，我们大脑的运转速度能够达到每分钟几千甚至几万字，当我们每分钟读 300 字 ~600 字时，大脑有相当一部分未被利用，这时大脑就会引入其他意念、处理其他信息，这就是为什么很多人读书容易走神。

从小，马斯克就拥有极强的专注力，这使得他在阅读时常常会沉浸其中，将每分钟可以运转接收几千、几万字的大脑全部用来理解这几百字，也正是如此，他的阅读效率才会如此之高。

所以，安静、没有干扰的阅读环境，是练习速读或者运用速读技巧阅读的基本条件。因为，在速读时，大脑高速运转，此时若是受到干扰，不仅阅读速度和思路会被打断，对文章的整体理解也会中断。虽然速读对专注力要求很高，可练习速读也会相应地提升专注力。所以，速读技巧越熟练，专注力就会越强，抗干扰的能力也越强，受外界环境的影响也会越小。

此外，阅读时，不能因为追求速度就让自己高度紧张，相反，我们仍然要保持轻松的状态，大脑越松弛，记忆力和专注力反而会越好。回想一下，你有没有这种经历？马上要开考了，你慌乱地翻着书，期待着能再记住几个知识点，可一把书合上，你什么都没记住。这是因为这时的大脑过于紧张，心慌意乱的时候正是大脑最容易死机的时刻。怕理解错某个信息或者漏掉某个知识点，原想让大脑保持高速运转，反而让大脑高度紧张，罢了工。

所以说，想要提升阅读速度，首先要做的就是放松，以轻松自如的状态去享受阅读的时光，大脑愉悦的时候，也是效率最高的时候。因此，阅读前，最好先做个深呼吸，再开始享受静谧的阅读时光。

不要关注字，而是词

阅读的本质是眼部运动。想象一下读书的时候眼球是怎么运动的？

你可能认为眼球会随着阅读进度而匀速地左右转动，这其实是大脑的一种错觉。

实际上，通过观察发现，阅读时我们的眼球是跳动的，其原理与眼睛识别信息的方式有关。

假设你要看清楚远方的一棵树，那么首先你的视线需要停留在树上，然后对焦，形成清晰的图像。

如果你要看清旁边另一棵树，你的眼球就会跳动到另一棵树上，然后再次对焦、形成图像。

阅读也是同样的方式，视线首先移动到第一个字上，眼球停止跳动，对焦、识别信息。然后再跳到第二个字上，重新对焦、识别信息，以此类推。

眼睛从一个焦点跳到另一个焦点只需要千分之几秒，但对焦一次的时间大约是 1/4 秒。也就是说如果逐字阅读，每秒钟最多只能读 4 个字。而一般的阅读高手，每秒钟几乎可以阅读几十个字，甚至上百个字。

怎么做到的?

文章是由一个个文字和词组组成的，但我们读书不是为了看懂某个字词的意思，而是要理解这些词组成的意思。

慢阅读者，因为逐字逐句阅读，语义不连贯，在理解内容时容易造成阻碍。而快速阅读者一次看多个字，反而更容易把词组连贯起来，轻松理解文章的意义。

因此，想要加快自己的阅读速度，就要打破逐字阅读的束缚，扩充自己的语义单元。每次定焦输入的文字越多，阅读的速度就越快。我们阅读时，视觉接收信息的速度是低于大脑思维运转速度的，所以，要提高阅读速度，就要提高视觉速度，让其能与大脑思维趋于同步，这就要求我们在阅读时，不能一个字一个字地去看，而是要一个词组、一个句子，或者一个段落地看，这样才能减少对焦的次数，加快理解阅读内容。

马斯克的视觉思维非常发达，他能将读到的信息直接转化成图像存入大脑，这一技能大大提高了阅读速度。科学实验表明，在人的脑、眼、耳三个信息枢纽中，脑部中枢快于视觉中枢，视觉中枢又快于听觉中枢，且视觉中枢与听觉中枢在接收信息、处理信息方面的速度差可以高达500倍。

那马斯克的这一超能力只能是天生的吗？不是，我们可以通过不断训练右脑形象思维的能力，加强视觉的图形化能力，使眼睛能够直接将看到的文字作为图像传给大脑，实现眼脑直映。由于眼脑直映省去了

“读”和“听”两个环节，阅读速度提高，因此大脑的“空转”现象、三心二意的可能性明显减少，阅读的记忆效果明显增强。

可见，通过刻意练习，我们也能掌握马克思的超能力——加强整体感知，实现高效阅读。

“提出好问题”比“给出好答案”更重要

其实，想要提高阅读速度和阅读效率，还有关键一点，即一定要明确阅读目的。

书籍琳琅满目，我们不能任由思路四处发散，而是需要一个明确的阅读目的来聚拢思维，这样才不会出现“读了很多书，好像没有用”的现象。而要做到所读必有所用，就要带着问题去读：为什么要选这本书？需要从书中获得什么内容？……以此建立一个“问题库”，阅读的时候，带着问题在书中寻找答案，这样阅读的效率会高很多。

带着问题进行主题阅读

马斯克从“门外汉”变成半个火箭专家，只用了短短几个月的时间。

他是如何做到如此高效的？

关键就在于：主题阅读。

主题阅读，就是在一个时间阶段，只读属于同一个知识体系的书。主题阅读是阅读的最高层次，阅读时，不是以书籍为中心，而是以具体的问题为中心；不是从书中发现问题，而是根据问题从不同的书中找寻答案。在SpaceX成立的几个月之前，马斯克阅读了几乎所有的和火箭发射器相关的著作，借此他得以快速掌握相关内容，在后续的书籍阅读中，类似部分就可以略过，重点阅读和理解手上这本书的独有内容，从而大大提升了阅读的速度。

在做主题阅读时，如果想更快地建立知识体系，除了广泛阅读相关书籍外，还要学会归类和对比，这样知识才能更好地融会贯通。

归类就是发现不同书籍相关知识之间的内在联系，不仅有利于应用知识，也有助于强化记忆。

对比是找到同类书的相同点和不同点，进而更加了解每本书的特色。

每个作者都有自己独特的思考方式和分析角度，因此，即使主题相同，所得观点和结论也会有不同。为了更大程度地拓宽视野，在主题阅读时，应尽可能多地将所有与主题相关的书籍集合起来，从多角度去辩证分析、阅读思考，如此才能更清晰也更准确地看清事物的本质和真相。同时，广泛的阅读和思考，也能帮助我们在这一主题下快速地建立起自己的知识体系。

QSDS模式

那么，如何实施主题阅读呢？

我们可以按照四个步骤来实现：确定问题（Question）、分析现状（Situation）、收集资料（Data）、构建体系（System），也称为 QSDS 模式。

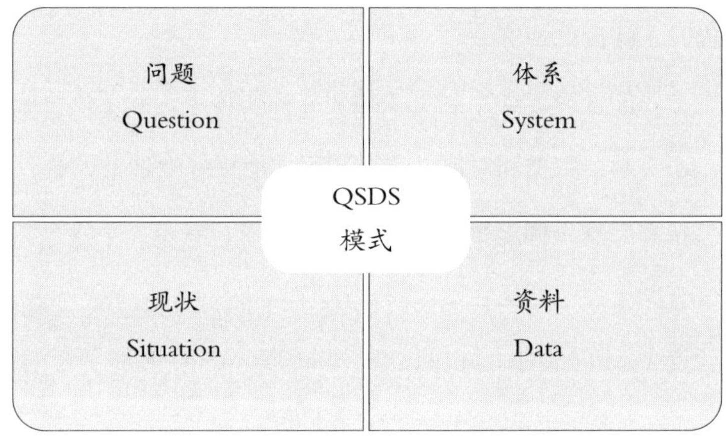

1. 确定问题。根据需要确定主题问题。主题问题越宽泛，需要阅读学习的内容也就越多；主题问题越具体，需要阅读的书籍也就越聚焦。比如马斯克的主题问题是登陆火星，他需要阅读学习的内容就比较多，你的主题问题是内向者的沟通技巧，你需要阅读的内容则会比马斯克少得多。

2. 分析现状。根据确定的主题问题来对比现状、评估优劣势，确定接下来的方向。比如，马斯克分析现状后发现，NASA 已经放弃了登陆火星的计划，而且他买不到火箭，不过他可以自己造火箭。

3. 收集资料。根据现状分析确定的方向，收集查找相关资料。至于资料的多少，根据你想对这个主题了解的深入程度来决定。比如，如果你想了解某一领域的概况，那么该领域的入门书籍、经典教材或者发展史就能满足你的需求；但如果你是想成为这个领域的专家，那么你就可能需要这个领域所有的相关书籍和资料，就像马斯克，阅读了几乎所有的火箭相关书籍和资料才成为最懂火箭的人。

4. 构建体系。首先通过归纳和对比，对书中的内容进行整合，了解和熟悉已经收集到的资料的内容和体系，分析和比较不同作者作品中的结论，选择说服力最强、可信度更高的那一个，然后与自己的体系进行比照，完善修正自己的体系，最终形成一个属于自己的完整框架。马斯克就是将自己学习到的知识进行整理和验证后，最后形成了自己的火箭知识体系。

在主题阅读的过程中，要多问“为什么”。马斯克说过，相比“给出一个好答案”，“提出一个好问题”更有价值。这是马斯克在他最喜欢的一本书《银河系漫游指南》中得到的启发。这本书也是马斯克“火星梦”的启蒙素材。

多问“为什么”，你会发现自己不知道的东西实在太多了，这将激励你去读更多的书，并且会发现几乎所有问题都可以从书中找到答案。

单本阅读

阅读单本书，也是一样的方法——带着问题读。

在阅读开始前，同样以 QSDS 模式问自己几个问题：

1. 确定问题（Question）：为什么要读这本书?

2. 分析现状（Situation）：这本书对我重要吗?

3. 收集资料（Data）：我要获得哪些信息?

4. 构建体系（System）：学到的这些知识可以运用到哪方面?

找到这四个问题的答案，我们就找到了阅读的标尺。就可以从目录开始，快速扫读，找到自己想要的信息。这就好像是开着雷达去读书，不断搜寻最有价值的内容。

高效阅读就是要训练我们大脑的信息过滤机制，确立明确的阅读目标，相当于为大脑装上了一个导航。如此，才能快速且准确地找到我们所需要的关键性知识。这样的阅读，不仅节省了时间，还能效率大增，并且这样高效的阅读状态会让后续的阅读变得更有热情。

读书有“输入”更要有“输出”

马斯克读了很多书后能造火箭，为什么很多人书读完之后跟没读一样？

这是因为马斯克有“输出”，他会做试验检验书中的知识，用书中的知识解决现实中的问题，而大多数人没有“输出”。

所以，读书要能“输入”更能“输出”。输入，就是把书中内容读懂读透，放进大脑，完全掌握；输出，就是用书中的知识解决问题，从被动学习知识，变为主动输出创造。

那么，如何有效地输出呢？

思

“创新思维学之父”爱德华·德·博诺开发了一个全面思考问题的模型——六顶思考帽。我们在阅读时也可以运用这个模型，设计一个阅读的六顶思考帽。

蓝色思考帽：归纳和总结书的中心思想，对整本书的内容做归纳，将你认为重要的章节内容甚至是重要的逻辑点加以总结。

白色思考帽：这本书给你带来哪些基于客观事实的信息和知识？

绿色思考帽：这本书的创新点在哪里，有什么创造力和想象力？

黄色思考帽：这本书的价值是什么，提供了怎样的建设性观点？

黑色思考帽：批判性地反向思考，你是否持有不同的观点，书中是否有逻辑上的错误？

红色思考帽：读完这本书，你的感受如何，为何有这样的感受？

通过这六步的思考，我们对书的内容有了较为深入透彻的了解，思考的过程也加深了我们的大脑对书中内容的记忆。当然，六步思考并不是一成不变的，我们可以根据所读内容及自己的阅读需要选戴相应的思考帽。

说

深入思考之后，我们就要尝试着将思考结果说出来。说的内容可以是我们思考后的内容，也可以是书中你认为有趣有用的内容，总之就是要将自己读过的书当成“要讲述的事物”。

比如日本脑科学家茂木健一郎在阅读《史蒂夫·乔布斯传》时，发现了一个有趣的细节：在做重要决定之际，乔布斯经常选择散步。身为脑科学家，茂木健一郎先生深知其中缘由：人脑的工作是持续不断的，当我们的身体休息放松的时候，大脑仍在运转，更重要的是，当身体进入放松状态时，大脑反而会进入到一个更为活跃的状态，这时我们的思维会更加高效，甚至会有出其不意的效果。和乔布斯散步一样，很多人灵感的闪现常常在洗澡时、发呆快睡着时，或者安静坐车时发生……后来，茂木先生在做专业演讲时常常把乔布斯的这个细节当作案例来分析，这不仅是对自己读过的书的输出，也让本来高深难懂的专业内容变得更加通俗易懂。

只是自己说还不够，最好是找一群人一起说。比如，举办一场读书会，可以针对同一本书的内容分享个人感悟，也可以就同一主题相互分享不同书籍。

每个人的思维方式、情感输出方式都是不同的。同一本书或同一个主题的书，由不同的人来读，每个人的兴趣点、思考点都会不同。所以，与别人讨论、分享阅读心得，更容易迸发出思想的火花，这是一件多么令人愉悦的事情啊。

通过读书会进行输出的好处有很多。比如，参加读书会可以增加阅读的动力。因为所有人都要读，并要向大家分享，自己就不好意思敷衍。读书会为不同观点的碰撞提供了平台，是拓宽视野的绝佳机会。当别人的观点照亮自己的盲点时，更会激发出强烈的求知欲。

写

马斯克在接受欧洲数字出版社阿克塞尔·斯普林格（Axel Springer）集团 CEO 马蒂亚斯·多夫纳的访谈时说："写作就像有一个硬盘驱动器，

让事物超越人本身来延续。如果你试图用口述的方式来保存一切，这是非常困难的。”

马蒂亚斯·多夫纳对此深表赞同，他也认为，只有写作才可以将事物流传延续下去。

可见，令阅读更大地发挥作用的有效方法是写出来。前面说到的将好书当作一个“要讲述的事物”来看待是口头输出，进一步的输出就是文字输出，是一个更为重要的输出方式。

茂木先生认为，从脑科学的角度来讲，将语言变成文字从大脑中提炼出来，这个行为虽然烦琐且耗时，却可以锻炼大脑，而且当我们写出整篇文章时，因为完成了一项比较困难的任务，大脑也会分泌出更多的多巴胺，让我们在输出之后感到开心愉悦。

茂木先生通过研究发现，阅读是锻炼大脑的最好方式，他还特意写了一本书——《如何用阅读改造大脑》，他在书中说：“以随性的态度在漫漫书海里泛读，开阔眼界、锻炼眼光，逐渐发现自己的兴趣点，找到属于自己的人生‘教典’去精读，并不断地在阅读中收获各种意外之喜，也许是一个观点的转变，也许是一个目标的产生，也许是一种关系的开始或结束……你只消阅读，其他交给大脑，交给时间。”

总之，浅尝辄止的阅读是无效的，我们要通过思考、表达，最终将书的内容变成自己的思想财富。

让阅读成为一种习惯和需求

你有没有说过这样的话："工作太忙了，实在没时间看书""等过了这段时间我就开始读书"……

再忙能有管理五家公司的马斯克忙吗？虽然已年过50，但马斯克仍然没有停止大胆梦想，仍然保持着读书的热忱和动力。

读书不是一时的事情，而是一辈子的事情。

磨炼自己随时看书的习惯

充分利用碎片化时间，比如可以随身带本书，在各种碎片时间里，拿出书看一会儿；或者在手机上下载一些阅读类APP，在玩手机时，告诫自己不刷视频而是读会儿书。

很多人在尝试的过程中会放弃，因为感觉这种读书没什么用，类似身在曹营心在汉，虽然手机打开了阅读类APP、正看着一本书，但大脑里或心里总是有个小人在说:“刷会儿视频吧”,结果心理防线一触即溃,马上放弃读书转而看新闻和朋友圈。

所以,我们用到的是这两个字——“磨炼”,这是一个磨炼自己意志力、专注力的过程,虽然我们有很多读书设备、读书 APP、读书方法可供选择,但这都是外因,真正决定我们能否坚持阅读的是内因,你自己的意志。

刚开始的时候,这个过程很痛苦,但习惯成自然,一旦养成习惯,构建了强大的读书持久力和专注力,你会发现每天居然可以多出来 2 个小时以上的阅读时间。

坚持有规律地读书

马克思的一生虽然颠沛流离,但他从没有间断过读书。1849 年,马克思迁居伦敦,经济陷入困顿,家庭生活十分艰难,但他依然每天早上 9 时准时来到大英博物馆阅览室阅读图书,雷打不动,每天都是如此。

我们也应该有计划地去管理自己一天中最不容易被干扰的时间,从而让自己养成一个定时阅读的习惯。通常情况下,清晨和睡前这两个时间段的可控性很强,都是比较好的阅读时间。

清晨,头脑清醒,环境安静,读书的记忆效果最好,通过阅读还能激活大脑,让思维更加活跃。这个时间段可控性很强,只要早起就能保证有时间读书。

睡前，心更静，读书更容易专注，且可以避免玩手机，提升睡眠质量。而且，睡前阅读记忆效果更佳，睡眠时大脑会自动整理睡前的记忆。如果你准备培养阅读习惯，那么睡前阅读是最好的选择。

不过，因为每个人在不同时间段的状态是不一样的，有些人早晨精力充沛，晚间却无精打采；有些人早上萎靡不振，但晚上却活力十足。所以，我们要根据自身的情况，做出有倾向性的安排。

设定小目标，试着超额完成

马克思的研究主要涉及哲学、政治学、经济学等方面，他给自己安排了繁重且紧张的阅读任务，数十年如一日。但他也有工作疲倦时，这时他会选择一本诗集，或者是一部小说，走进另一个世界，调剂生活、放松自己。而马斯克则非常热爱科幻类小说，这些书可以说是他阅读艰深的专业书籍时的调剂。

因此，培养阅读习惯时，我们首先可以用“轻量级读法”，不要设定太长的阅读时间，在书籍选择上，首选读起来比较轻松的书籍。然后，尝试着每次超额完成小目标。比如，原计划每天读五页书，目标足够小，很快五页就读完了，当你接着往下看时，就会因为超额完成任务带来成就感。这样每天重复，阅读计划都能很轻松地完成，你就会有一种赢的体验，大脑开始分泌多巴胺，促使下一次更加轻松地进入阅读状态。

这样持续下去，不仅会增强我们的阅读动力，而且会在潜移默化间帮助我们养成良好的阅读习惯。一旦养成持续的阅读习惯，我们也就会在不知不觉中达成曾经觉得可望而不可即的目标。

阅读无捷径，方法有高下。能否坚持长期阅读，是预测一个人将来成功与否的重要因素。同时我们也应该明白，“坚持”本身也是一种可以养成的习惯。

第3章

马斯克的圈子——与优秀者同行，吸收他人智慧

海量阅读

与优秀者同行

坚持第一性原理

跨领域学习

学习迁移

马斯克创办 SpaceX，做的第一件事是迁居洛杉矶，加入了一个太空爱好者圈子。2001 年马斯克参加了“火星学会”募捐活动，让学会负责人罗伯特大吃一惊的是没人记得邀请过他。

2020年11月15日，SpaceX的“龙飞船”搭载4名航天员升空，奔赴国际空间站，这是SpaceX首次正式商业载人发射。

对埃隆·马斯克来说，这意味着他距离自己的火星移民梦又近了一步。

十几年前，马斯克在讨论这种事的时候，大多数人都把他当作“大话王”，但随后马斯克用一次又一次的成功，让“大话王”变成硅谷乃至世界最出名的“实干家”。

成功的不仅是SpaceX，在这短短10余年的时间里，马斯克还在电动汽车、卫星通信、脑机接口、太阳能发电等领域占领了一席之地，甚至进行了颠覆性的创新，将所在行业提升了一个层次，他也因此被称为现实版“钢铁侠”。

“吸睛”的马斯克是公司的核心与灵魂，但创业只靠老板自己勤奋是不行的，所以马斯克说：

“企业是一群人集合在一起创造产品或服务。不论你要创业或进入企业工作，关键都在与顶尖人才共事。你应该设法加入一个优秀团队，跟那些让你佩服的人一起工作。创业的话，更要想尽办法，找到最厉害的人才。”

因此，马斯克成功的关键是吸引顶尖人才共事——他找到了行业里最优秀的人才，让他们汇聚到一起做成了一个伟大的产品。有外媒形容，“正是由于团队快捷的反应速度、全员参与研发讨论的热情以及不分昼夜的埋头钻研才令屡败屡战的SpaceX最终成功”。

事实就是如此，优秀的团队会尽可能减少不必要的沟通和内耗，成员之间的协作也会更顺畅，所有人都把时间和精力集中在最有价值的工作上，如此，达成目标的概率会更大，团队成员也会因创造增量利益而获益。

“协同”是改变世界的力量

你知道马斯克在创办 SpaceX 时，做的第一件事是什么吗？

——搬到洛杉矶，加入一个太空爱好者的圈子。

协同让思想聚合跃变

马斯克在离开 PayPal 之后，想起了儿时便根植于心的关于火箭飞船和太空旅行的梦想，并且认为，探索太空是比设计互联网服务更加伟大的使命，他希望能去完成一些更有意义、更永恒的事情，所以他把目标定在了太空。随后，他便搬到了洛杉矶，因为这里有着世界顶尖的航空业人士，在这里可以更接近太空行业。

自 20 世纪 20 年代洛克希德飞机公司在好莱坞设立车间以来，洛杉矶因其温和且稳定的天气成了备受航空业青睐的城市。霍华德·休斯、美国空军、美国航空航天局、波音公司等都将工厂和实验室设置在了洛杉矶及其周围地区，洛杉矶由此成了军事航空业和商业航空活动的中心。虽然当时的马斯克还没有明确自己的太空目标，但他知道，在洛杉矶他可以更容易寻找到高素质人才加入自己的创业旅程。

马斯克找到了一个由太空爱好者组成的团体“火星学会”(Mars Society)，该学会致力于研究火星探索和火星定居等问题。2001 年的夏天，学会成员们组织了一次筹款活动，门票是 500 美元，没有人邀请马斯克参加这次活动，但是学会负责人罗伯特·卓比林却收到了马斯克寄来的 5000 美元的支票。

于是，卓比林开始打听马斯克的消息，知道他是个富翁后，随即邀请他在筹款活动之前一起喝咖啡，想向马斯克介绍火星学会在做的项目。见面后，卓比林向马斯克介绍了学会为模拟火星上的艰苦条件而在北极圈建立的研究中心，以及正在进行的一项名为“生命迁徙（Translife）”的实验任务——按照这项实验任务，他们将建造一个模拟太空舱，搭载一些老鼠，围绕地球轨道旋转。“之所以绕地球旋转，是为了让太空舱产生同火星上相同的重力，即地球重力的 1/3，老鼠就在舱里生活并繁衍。”卓比林向马斯克介绍道。

到了筹款活动那天，卓比林引荐马斯克认识了著名导演及太空爱好者詹姆斯·卡梅隆和 NASA 行星科学家卡罗尔·斯托克。不过，马斯克对斯托克的丈夫最为感兴趣，因为他曾是 NASA 的一名航天工程师，研究的项目是如何让飞机在火星上空滑翔，寻找液态的水，而这正是马斯克最感兴趣的话题。

这个时期的马斯克对于有关太空的知识了解得并不多，但他有着非常科学的思维方式。他对火星学会关于火星的计划产生了极大的兴趣，并认为这些计划极具启发意义。马斯克加入了火星学会的董事会，而且捐献了 10 万美元，用于支持学会在沙漠中建立科研工作站。

但随着交流的深入，火星学会要把老鼠送上地球轨道的目标已经满足不了马斯克了，马斯克设想了一个更疯狂的计划——把老鼠送到火星，并且确保这些老鼠不但能到达火星，还能返回地球，甚至这群老鼠还能在旅途中繁衍，带回一群小老鼠。

马斯克对太空思考得越多，越意识到探索的重要性。但他失望地发现，本应以探索太空新领域为使命的 NASA 对火星探索并没有兴趣。于是，马斯克自己成立了一个组织——火星生命基金会。基金会在洛杉矶机场万丽酒店、帕洛阿尔托的喜来登酒店等举办了一系列沙龙活动，许多著名的业内人士都出席了活动，其中还包括来自 NASA 喷气推进实验室（JPL）的一些科学家。迈克尔·格里芬也参加了活动，他不仅效力于喷气推进实验室，还曾供职于美国轨道科学公司——这是一家卫星与飞船制造商，格里芬曾在此担任首席技术官和空间系统总经理。格里芬在航天工程、电气工程、土木工程以及应用物理学领域都有着深厚的学术造诣，可以说，他是当时地球上最清楚如何将物体送入太空的人了。因此，很自然地，格里芬成为马斯克智囊团的领军人物。

萧伯纳曾说过：“你有一个苹果，我有一个苹果，我们彼此交换，每人还是一个苹果；你有一种思想，我有一种思想，我们彼此交换，每人可拥有两种思想。”而马斯克的做法是碰撞这两种思想，从而产生第三种思想。

随着讨论的深入，马斯克的计划逐渐清晰完善，任务目标也不断变化，从一开始的要把老鼠送入火星，变成“火星绿洲”（一个新项目，计划将植物送上火星），再到后来，又变成要将人类送上火星。这是马斯克自己在一开始都没有想到过的。

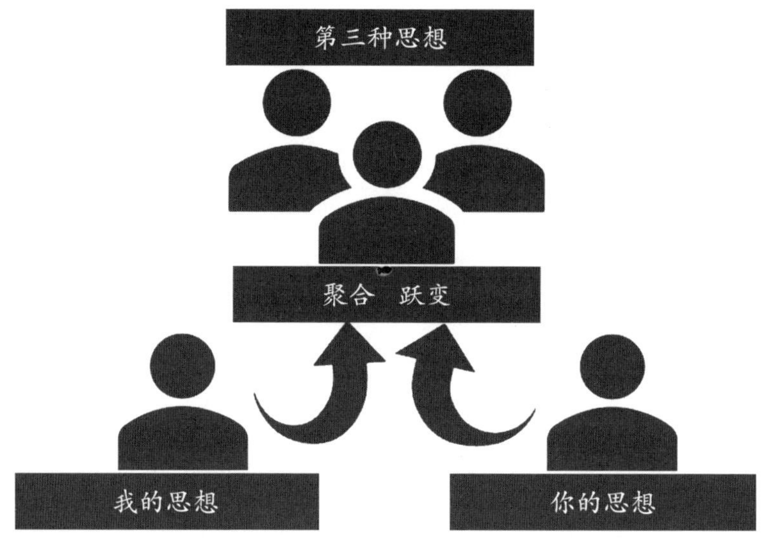

这就是协同的力量。“1+1=3”，当你和优秀的人在一起，当思想与思想进行碰撞，火花与创意便会出现。人类的大脑是有缺陷的，很多时候，我们的认知是有局限性的，但人的大脑又是神奇的，接收到的创意越多，大脑的潜能也就会展现得越多。

与优秀协同，认知自我

心理学上有一个“达克效应”，是指人们往往对自身认知不足，常常高估自己的能力，而低估他人的水平。这种自我认知偏差，是大多数人的通病。比如，以下这些论调，想必大多数人都曾经常听到，甚至自己也说过：

“这有何难，我也可以！”

“要是让我去，绝对比他们强。”

“我是懒得争，否则哪能轮到他？”

……

“达克效应”如此常见，只因这是每个人不可避免的天性：我们常常自视过高，而无法对自身能力做出客观正确的评价。究其原因，是因为人的智力、认知、人脉都有不可避免的局限，而这就导致了我们在认识世界时，很容易从自我出发，难以做到准确和客观。越是眼界窄、知识水平低的人，越是容易对自己的能力产生不切实际的优势幻想。甚至在被现实真相狠狠打击后，他们仍然没有丢弃无知的自大，反而会对令其碰壁的事实或人产生敌意。这种情况，不仅在智力低、认识水平低的人身上发生，有些智力水平高的人也会犯这样的错误。

比如马斯克。Zip2 的早期程序都是马斯克编写的，作为一个自学成才的程序员，马斯克很是有些自命不凡，一度认为自己是一名天才程序员。在 Zip2 获得第一轮投资后，时任 Zip2 工程副总裁的吉姆·阿拉布斯从硅图公司挖来了一批才华横溢的工程师。这些工程师一来就指出，马斯克写的代码庞杂繁复且乱作一团，必须重写。马斯克对此愤怒不已，但当他看到这些工程师只用了很短一段代码就代替了他原本冗长的代码，且程序运行得更加流畅时，他立刻调整了状态，从愤怒变为接受和认可，并以身作则进行支持。

这也是知识水平低的人和高的人的不同之处。知识水平低的人被事实鞭打之后，也许会一直沉迷于愤怒不屑之中；而知识水平高的人在意识到自己的缺陷后，会立即接受自己的错误，并调整改正。

刘慈欣在《三体》里说："弱小和无知不是生存的障碍，傲慢才是。"

同样地，知识的最大敌人不是无知，而是自认为掌握了知识的幻觉。破除这种幻觉的最好办法，就是与优秀的人同行，并时刻保持谦虚，不要对自己的知识、经验过于固执，因为我们所能接触到的人始终是有限的，这个世界上比我们优秀的人太多了。不要轻易看低别人，更不要抬高自己，就算在某个领域你已经取得了一定的成绩，但天外有天，高人总在，而且在其他绝大多数的领域，你仍然是个新手。

保持谦虚的同时，还要尊重事实，承认自己的认知局限，坚持不断更新自我认知。不要对与自己想法和认知不相符的事情进行强行解释，扭曲事实迎合自己的想法，那是无知的人才会做的事情。

和谁在一起很重要

美国商业哲学家吉米・罗恩曾说："你是你最常接触的五个人的平均值。"这句话说明了群体共识对一个人的影响，一个人处在什么样的圈子中，他的行为模式就会大概率地与这个圈子的其他人趋同。通俗来说就是，和什么样的人在一起，就会变成什么样的人。

1. 环境改变人

马斯克在南非上学时常常因为与众不同而受到霸凌，但在加拿大的皇后大学里，他的同学们也都是有着丰富想法的年轻人，他们不仅不会讥讽嘲笑马斯克那些看起来异想天开的见解，甚至还对马斯克的雄心壮志给予积极的赞赏和肯定。有了这些尊重他且志趣相投的同学，马斯克一扫过去的沉闷，变得神采奕奕。他沉浸在自己的兴趣中，高于常人的专注力不仅让他在学业上一马当先，也成为他独特的个人标志，为他赢得了同学们更多的青睐。他当时的室友内瓦得・法鲁克说："一旦埃隆想了解某个事物，他会投入比别人多得多的精力。这是埃隆和其他人的不同之处。"

在皇后大学待了 2 年，马斯克获得奖学金后便转到了常春藤名校宾夕法尼亚大学。在这里，他依然专注于自己感兴趣的领域——商学和物理，主修了沃顿商学院的经济学学位及物理学学士学位。此后马斯克更加如鱼得水，并且与物理系的同学们相处得尤为融洽。母亲梅耶说："他很享受那些与他们相处的时光。他们会开怀大笑。看见他如此开心，这简直太棒了。”

在宾夕法尼亚大学，马斯克认识了同为转校生的阿德·雷西，这个高高瘦瘦的家伙后来成了马斯克很亲密的朋友。

雷西是个有头脑且富有艺术气息的人，他认为脏兮兮的新生宿舍会拉低他的社交品质，于是邀请马斯克在校外租了一套有 10 个房间的大房子。平时，他们在房间里学习，周末的时候，雷西会把房间布置成夜总会，来的人只需要交 5 美元就可以随意享用酒水及让地面都颤抖的音乐。雷西负责把房间装饰得酷炫，而马斯克则负责让派对继续下去。他们一晚上就能赚回一个月的房租，也因此，马斯克常常说在大学时他都是自力更生。

若是没有欢乐跳脱的雷西，沉闷踏实的马斯克是办不来这件事的。所以说，环境改变人，也塑造人。

比如，身边的人都想着浑水摸鱼，你就很难积极上进；朋友经常牢骚满腹，你也很难阳光锐气。如果你的朋友沉迷于打游戏，那你很可能会成为其中一员，但如果你的朋友们是一群热爱读书的学霸，那你成为学渣的可能性也基本为零。

云南艺术学院设计院就有一个“最牛学霸宿舍”。宿舍中的六个人，自从分到一间宿舍，便一起监督学习，一起参加比赛，六个人共同进步，一个比一个优秀。六人累计获得的奖学金高达 18 万元，获得的奖状加起来超过 100 张。

他们说：“我们当中有的专业是服装与服饰设计，有的是产品设计。

但大家都经常是早出晚归，忙于学习和活动。如果是人很多的公共课，我们还会提前20多分钟去抢座，期末前也会一起连续通宵学习。”

所以，你和什么样的人生活在一起，你的生活就会是什么样。

马斯克说：“一个人要不就是加入一个精英汇聚、尊重人才的公司，要不就是和一群乌合之众工作。”

所以人们常说，看人不是看那人自己，而是要看他在什么样的圈子里。和阳光积极的人在一起，你会每天被他们的正能量感染，充满干劲，成功的概率也将大幅度提高。和懒惰散漫的人在一起，他们的负能量会让你也变得蔫头耷脑，失去学习和工作的动力。

想要拒绝平庸，想要实现自我跃迁，优秀的“朋友圈”是必备选项。

2. 同行的力量

马斯克一直相信同行者的力量，每次创业他都会寻找最优秀的人才一起前行。比如，PayPal的创始团队就被称为“硅谷历史上最伟大的商业和工程天才的组合”。优秀的人才聚集在一起，不仅能成就非凡的事业，相互之间也会影响、赋能，即使以后团队会解散，但是这种相互影响的能量也会一直延续下去，让优秀的人继续创造辉煌的成绩。

那些天才缔造了PayPal的辉煌，即使他们后来离开了PayPal，仍然关系密切，甚至还组建了一个团体，取名为“PayPal黑帮”。他们相互帮助，创建了数十家企业，都取得了不凡的成就。比如，PayPal曾经的执行总裁雷德·霍夫曼离开PayPal后，创办了全球知名职场社交平台领英（LinkedIn）；工程师杰里米·斯托普尔曼和罗素·西蒙斯离开后，创办了美国最大的商户点评网站 Yelp；YouTube 不仅三位创始人查德·赫利、陈士骏、贾德·卡林姆都是 PayPal 的前雇员，还有很多员工也都来自 PayPal……这些才华横溢的 PayPal 前成员在各行各业里混得风生水起，左右着硅谷的风向，PayPal 也因此被称为“创业者的摇篮”，当然，他们中最为成功的当属马斯克。

巴菲特说：“你最好跟比你优秀的人混在一起，这样你将来也会不知不觉变得更加优秀。”这句话就是对“PayPal 黑帮”最好的总结。

中国自古也有这样的思想。《荀子·劝学》：“蓬生麻中，不扶而直；白沙在涅，与之俱黑。”魏晋思想家傅玄《太子少傅箴》：“近朱者赤，近墨者黑。”这些名言都是在强调群体环境对人的影响。普通的人在积极向上的环境中也能变得卓越优秀，天分高的人在消极懈怠的环境中也可能一事无成。正所谓，时势造人，什么样的环境，就能熏陶出什么样的人。

高瓴集团创始人张磊常说：“人生的道路上，选择与谁同行，比要去的远方更重要。”而他也正是因为与美国投行教父级人物大卫·史文森同行过一段时间，才为此后的人生发展打下了坚实的基础。

1998 年，张磊赴耶鲁大学求学。彼时的大卫·史文森是耶鲁大学捐赠基金首席投资官，求学期间，张磊获得了在其手下实习的机会。史文森在业内素来以专业、严谨著称，每一个项目都要求做到深度调研，信息搜集要覆盖所有渠道，力求完全知己知彼。张磊在这种深度研究的系统下学习历练，也将这种传统融入了他自己的职业生涯。之后，他创立高瓴资本，史文森长期主义的投资理念也成了高瓴资本坚持的战略方向。得益于大师的指点，张磊成了中国顶级投资人，高瓴资本也成了亚洲规模最大的私募基金之一。

任正非说："最大的运气，不是得了大奖，不是捡到了钱。最大的运气是你碰到一个人，能提高你的思维，把你提升到一个更高的平台。"他也是在强调同行者的力量。我们无法决定自己的父母，但可以决定以后相处的朋友；我们无法决定遇见谁，却可以决定与谁同行。以卓越的人为师，与优秀的人同行，学习一切可学之处，这是成长最便捷的途径。

了解自己的需要，找到关键性关系

2020 年 5 月 31 日，SpaceX 的“猎鹰”9 号火箭搭载“龙飞船”将两名 NASA 的航天员送入了太空。航天员进入太空并不是新鲜事，但在以往的新闻中，项目的投资者、主持者都是国家，比如中国的神舟十二号载人飞船成功发射。而这次，SpaceX 作为一家民营企业，却完成了只有实力强大的国家才能实现的事情；马斯克作为一名企业家，却完成了实现载人航空飞行的壮举。

马斯克震惊世界的举措并没有就此结束。他还计划修建超级高铁交通运输系统，预计时速将破 1223 千米，比波音 747 还快，原本 6 个小时的车程会被缩短到 45 分钟；他还想在火星上建立一个可容纳百万人，且能自给自足的城市……若在以前，马斯克必定会收到一片嘲讽，他又会成为众人口中的“大话王”，但现在，“猎鹰”9 号火箭给人们吃下了“定心丸”，大家已经相信，只要是马斯克提出的目标，不管看似多么天方夜谭，他都能实现。

这种信心不仅来自 SpaceX 的成功，也是马斯克长久以来屡次创造奇迹的经历所赋予的。一直以来，马斯克的目标都非常清晰，而且更为重要的是，他的目标从来都是他想要的，他从来不考虑现实条件是否存在局限——所需条件不够，那就创造条件。

所以，很多时候，禁锢我们的，不是我们能做什么，而是我们没有搞清楚我们想要什么。

关注你想要的，而不是你能做到的

据心理学的说法，人的安全感的根源在于掌控感和确定感。因此，我们大多数人在设定目标时，都是从自身所拥有的资源条件出发的——我们将目标设定在能力可掌控范围之内，考虑的是“我能做什么”。就像高考填报志愿，一定是从自己考了多少分出发，考虑“我能考上哪个学校”，在填报志愿时，就会结合高校往年录取分数线，选择一个录取分数可能处在自己分数范围内的学校，如此被录取的可能性才会更大。

但这种安全感是有限的，因为人的自身能力和拥有的资源是有限的，这就决定了所定目标能达到的高度也是有限的。就如同考试的分数是固定的，若是分数不高，即便想读更好的学校也是不能的。

所以，如果我们只囿于眼前，仅仅考虑“我能做什么”，不敢去突破局限，不去扪心自问、探查内心真正的渴求，那么人生就可能多走很多弯路，错过了人生中真正重要的事物。

比如，寻找人生伴侣时，如果你一直像做统计分析题一样，计量各种条件，找寻条件最好、看似最匹配的，而不是遵从自己的内心，关注精神和心灵需求，那这样的爱情注定不会长久，这样的婚姻也必将是凑合。

比如，消费购物时，如果你的要求是“实惠”，不管喜欢与否、需要与否，总想着“便宜不占白不占”，那你往往最后会买一堆自己并不真心喜欢和真正需要的东西。小丽常常夸自己勤俭会过日子，从来都是去地摊买衣服，因为地摊的衣服比商场里便宜划算，但她买回来的很多衣服最终也都是放在衣柜里不见天日。衣服越买越多，但鲜有她真正喜欢的，最后不仅积攒了一大堆可能永远不会穿的衣服，而且累计下来也花了不少钱，足够去商场买好几件品质好且真正喜欢的衣服了。虽然在消费时，表面上起决定性作用的是财富实力，但是其实深层次的影响还是来自我们的消费观念。而正确的消费观念不是“我能买得起什么”，应是“我真正需要什么，真心喜欢什么”。如果永远走不出这个局限，也就无法体会到真正的快乐。

再比如求职，如果你只是局限于自己现有的能力、专业等去找工作，而不是问问自己真正想要做的是什么，真正想从事的是什么，那么最后你很有可能会做着也许没有压力，但并不喜欢的工作。若工作不是出于内心的喜欢，也许迫于生计你会暂时忍耐，但一旦工作出现困难和瓶颈，你就很容易陷入负面情绪，心中的焦躁、抱怨等会纷至沓来——因为你从来没有从工作中享受到任何乐趣，也就没有动力和信心去解决这些困难。我们人生三分之一的时间都要用来工作，我想，没有人愿意自己的这些时间都被苦闷填充吧。

同样地，如果马斯克创业时只考虑做自己的能力和资源范围内的项目，那么他也就只能成为一个亿万富翁，而不会在人类历史上留下浓墨重彩的一笔。

马斯克在皇后大学读书时，他和弟弟常常在报纸上寻找他们感兴趣的人，并约他们见面。虽然彼时的他们只是一穷二白的学生，但他们仍然会直接给对方打电话，不管对方的身份是什么。马斯克就曾电话“骚扰”过新斯科舍省彼得银行的高管彼得·尼尔科森，这位高管还是《环球邮报》的商业专栏作家。面对马斯克他们的贸然邀约，尼尔科森一开始习惯性地拒绝了，但最终他还是被马斯克精心准备的说辞说服，同意了与这两个年轻人共进午餐。虽然这件事排到了 6 个月后，但在约好的那一天，马斯克兄弟俩坐了 3 个小时的火车，准时出现。二人良好的表现，征服了尼尔科森，他不仅为马斯克提供了一份在银行实习的暑期工作，而且在此后也一直与马斯克保持着亲密联系，成了马斯克颇为信任的导师。

可见，当我们把“我想要什么”当作目标设定的条件时，很多原本以为不可能的事情也许就会变成可能。

当你想追求真心爱慕之人时，若自身条件并不优越，那么你要做的，应该是努力去学习，提升自己的能力和形象，去向那些能让自己变得更好的人学习，这样才能获得更多资本，再去追求你所期望的爱情。即便最后未能如愿，也能收获一个更好的自己。

当你想拥有一件真正喜欢和需要的东西时，若经济能力还有所欠缺，那么就应以此为激励，摈弃“什么最划算”的思维，更加努力地工作、赚钱，这样不仅能让你获得享受更好生活的能力，同时还能节省很多因为贪便宜而浪费的钱。

当你找工作是为了实现职业梦想时，你要首先确定自己感兴趣且充满热情的职业方向，然后在这个方向上查漏补缺——技能不够，就努力学习专业知识；了解不够，就尽可能扩大圈子。这样不仅能让你的职业能力和资源更加稳固，也为你日后的职业发展奠定了基础。

而若是想创业，那就向马斯克学习，找出自己真正想做的事情，然后开始深入了解和学习相关知识，找寻优秀人才，建立高效团队。更重要的是，要像马斯克一样，不管前路如何坎坷，都能保持奋起前行的勇气和热情。一如在SpaceX第三次发射仍然失败的时候，工程师们、普通员工们都完全丧失了信心，但马斯克没有，他发表了激情洋溢的演讲，用自己强烈的信念和激情重新点燃起信心的火把。在所有人都认为他是“疯子”的时候，马斯克也始终对自己、对自己的事业和梦想保持着饱满的激情和信心。

人们常说，因为喜欢，所以愿意忍受。这句话用在人生的任何场景都合适。因为真心喜欢，所以遇到问题会有动力去解决，遇到困难不会轻言放弃。所以，这个世界上能做出卓越成就的人，往往都是那些专注于“我想做什么”的人。

在马斯克这里，从来没有所谓的“限制条件”，他关注的从来都是自己想要什么，然后有条件就上，没条件就创造条件再上。也许在他出发时路途坎坷，但他的激情会不断地吸引那些志同道合的人聚向他。然后就像那句流行语说的一样，“越努力，越幸运”，马斯克的火箭最终发射成功，NASA 也向他抛来了橄榄枝，资源开始向他聚拢……于是，异想天开的想象、遥不可及的未来，便被他无中生有地创造出来了。

优秀的企业家有很多，但卓越的企业家很少，他们都天赋极高且自律勤奋，但卓越的企业家更为大胆，他们敢把目标定得极高。不仅是企业家，如果我们将目光投向历史长河，就会发现，那些熠熠生辉、成就非凡事业的人，他们的目标都是高于当时既有的现实条件的。就像乔布斯重新发明手机，马斯克重新定义汽车，他们始终在意的不是条件够不够充分，而是目标够不够远大，所谓限制条件对他们来说就是用来打破的。

对我们普通人来说，将自己的关注点从“我能做什么”转变到“我想要什么”，也可以激发自身潜力，收获意想不到的成就。

比如大环境困难时期，公司却希望明年的营业收入实现 2 倍增长，这种目标一看就脱离现实。因为市场环境的条件局限在那里，按部就班地走根本不可能完成目标。这时，高目标的推动力就展现出来了，它会倒逼着你去创新，去学习新方法，去挑战一些也许你之前不敢挑战的领域，而你也会在这个探索和实现的过程中，发掘出自己之前没有发现的潜力。

人们常说，不确定时代要随时做好转型的准备。但很多人不知道怎么转型，或者转型失败，主要原因在于思维还是被现有条件局限住了，关注点仍在“我能做什么”。所以，转型的前提就是，从自己“想要做的”出发，定个高目标。这种转型不仅是最稳妥且高效的，也将成为我们的人生突破到新境界的重要推力。

想到之后，立即行动

再好的想法、再崇高的目标，都需要行动去实现。因此，在确定“我想做什么”的同时，就要做好努力付出的准备。毕竟，没有行动，只能是“空想家”；有了行动，才会是“梦想家”。

马斯克是个行动力极强的人，只要确定了目标，他便会全身心投入，甚至会把自己的整个生命都投入到上面，所做、所想都是在为目标的实现服务。

那么，如何开始行动呢?

稻盛和夫在《干法》中说过，目标行动的开始需要不断地思考构建，将目标事情在脑海中不断演练，通过不断描绘让目标变成“看得见”的愿景。经过反复的思考和演练，目标愿景会越来越清晰，同时，在这个过程中，愿景实现的路径也会“逐步清晰”，行动的方向也因此而明确，这会进一步让行动更加有动力。在这样的正向推动下，愿景最终就会变成现实。

马斯克也是如此，从目标出发，一步步细分路径。他的目标是去往火星，他首先构建了自己的太空愿景，然后以愿景推导路径——前往太空需要火箭，接下来应该怎么做也就显而易见了。

确定路径之后，则要开始评估路径实现的条件，若条件不足，再去分解目标和条件之间的路径，以此类推。火箭是马斯克实现太空梦想的路径，那么关于火箭，他又缺少什么条件呢？不懂火箭，他开始学习所有关于火箭的知识；没有团队，他到处结交专业人士。总之，只要条件不足，他都会想办法去弥补和完善。缺失的条件不再是约束，而是行动的方向。当把条件都补足的时候，成功就水到渠成了。

明确如何行动之后，还有关键一点：速度。拖延是所有伟大构想最直接的杀手。人生忌懒不忌拙，拙可用勤来补，但一懒毁百慧。所以，不要怕构想还不完善，马上行动，就成功了一半。乔布斯如果一直等iPhone的构想足够完美再推出，那么也许我们永远都不会看到iPhone了。iPhone刚面世时是有缺陷的，但这并不能否定它的划时代意义，它的缺陷反而为后期iPhone的迭代升级提供了宝贵的数据和参照。

不管是伟人们的事业，还是企业家们的成就，都没有一帆风顺、一蹴而就的，所有前进的道路上都留下了奋斗者的汗水和血泪。行动需要坚持，需要有颠覆开拓的勇气、临危不退的果敢以及面对难题仍能沉着应对的智慧。

此外，不论是大目标还是小目标，都不是靠单打独斗就能实现的，目标的达成需要你找到优秀卓绝且志同道合的人组建一支战斗力强的队

米勒最引以为傲的成就。

2002 年 1 月，马斯克在坎特雷尔的引荐下见到了米勒。当时，米勒正准备将那台 80 磅的火箭发动机放到一个支架上。马斯克一见到他就开始提问：“这东西的推力有多大？”“是否制造过更庞大的设备？”“这么大一个火箭发动机要花多少钱？”“如果让你自己造火箭，需要多少钱？”……马斯克和米勒聊了好几个小时，并约好下周末到米勒家继续讨论。马斯克很兴奋，他终于找到了一个“对制造火箭的细节真正了如指掌的人才”。

马斯克做了一个火箭制造的表格，不仅详细列明了构想中的火箭的特性，而且还将建造、装配和发射一枚火箭的成本费用详细计算了出来。米勒在这张表格中增加了新型低成本火箭性能和成本方面的参数，这为马斯克将自己公司的火箭定位于低端卫星市场提供了理论依据。

马斯克对于火箭的设想直接瞄准太空产业的一大理论，即“如果一家公司能够大幅降低每次发射的成本，并定期进行发射的话，将会为商用和科研使用有效载荷打开一个全新市场”，马斯克认为他的想法走在了时代的最前沿，这让他非常骄傲。他正在努力成为打开航天新时代的助力。

米勒拒绝了其他航天巨头的邀请，加入了马斯克，要与他一起将理论付诸实践。5 个月后，2002 年的 6 月，马斯克、汤姆·米勒以及波音公司的宇航工程师克里斯·汤普森聚集在一起，太空探索技术公司 SpaceX 成立了。

你看，找准自己的需求，然后找对人，是成事的前提。在寻找人才之前，首先要想清楚你的人才需求，制订清晰的规划，明确寻找人才、选择人才的目的和效果——你希望这个人才做什么，你希望他能达到什么预期。对人才的要求足够具体、明确，将人才放在适合的位置上，才的最大效用才能发挥出来。如此也可以有效规避人才不匹配的问

特斯拉早期的副总裁，乔治·布兰肯希普在来特斯拉之前从没造过车，但是他跟着乔布斯开过很多家苹果零售体验店，还做过服装品牌GAP公司的高级副总裁，有过一年开几百家店的经验。布兰肯希普不懂汽车制造，但他有着设计时尚体验店的丰富经验，且还是销售领域的专家，而这方面的经验和知识正是特斯拉的体验店所需要的，因此马斯克把他任命为特斯拉销售和体验的全球副总裁。

马斯克总能精准地找到自己需要的人才，关键就在于他把自己的人才需求划分得非常具体，然后精准定位，发现人才，并将人才放在适合他们的位置上。发掘高级人才时如此，发掘其他人才时也是如此。SpaceX的普通工程师都是年轻的小伙子，他们都是马斯克到顶尖大学的航天学院挖来的成绩最好的学生——马斯克会亲自到学校打听这些学生，仔细了解后，一旦认为合适，他会直接打电话到宿舍，或者发邮件找到这些学生，聘请他们到SpaceX工作。

迈克尔·科隆诺进入斯坦福大学时就收到了马斯克的邮件，“我以为这是个恶作剧。”科隆诺不知道马斯克，更不知道SpaceX，所以一开始并不相信，但上网搜索了马斯克的信息后，他立即同意加入SpaceX，

并且还很兴奋。不仅是迈克尔·科隆诺，所有马斯克联系的年轻学生，都会愿意加入 SpaceX，因为在此之前，想设计火箭，或者成为航天员，就必须加入一家[illegible]承包商。但是 SpaceX 是一家民营企业，完全没有这方面的顾虑，对这些年轻的航天人才，[illegible]真是太有吸引力了。

寻找人才需要细分需求，精准出击。同样地，当我们希望推销自己的时候，也要细分需求，找到合适的对象。

硅谷有个年轻工程师想跳槽去著名的社区网站 Reddit 做算法推荐师，并且他还希望 Reddit 的老板斯蒂芬·霍夫曼能亲自打电话给他。但霍夫曼根本不知道他，他也没有霍夫曼的联系方式，该怎么办呢？

首先，年轻的工程师写了一篇关于 Reddit 如何改进推荐算法的文章，文章写得专业且见解独到。其次，他开始搜集关于霍夫曼的信息。通过查找霍夫曼在网上的公开资料、在 Facebook 上的动态，重点分析了霍夫曼在 Facebook 上关注了哪些公司，这位年轻的工程师对霍夫曼的年龄、性别、兴趣爱好等有了一个基本的了解。然后，他开始在 Facebook 上为那篇改进推荐算法的文章投放广告。Facebook 的广告系统非常强大，它有一个兴趣词库，能使广告更加精准地到达受众，而他设置的所有兴趣词都是以霍夫曼为标准的。最后的结果是，他只花了 10.6 美元，只曝光给了 197 个人，就让霍夫曼看到了他的文章。意料之中，他接到了面试电话，且是霍夫曼亲自打来的。1 周后，他如愿成了 Reddit 的算法推荐师。这也是高端人才的厉害之处，不仅个人能力精深，而且还能找对方法，让自己从信息海洋中脱颖而出。

搭建自己的核心关系

耐克创始人菲尔·奈特曾说过，创业时，找对人是生死攸关的事。这与硅谷流传的“创业定律”的核心思想很一致，即创业最开始招募的10个人是企业的“关键少数”，决定了后来企业能否做大。这个人数是传统时代的说法。在如今这个快速更迭的数字时代，“关键少数”的人数也在发生变化，可以说创业企业最先招的4~5个人就已经能决定企业往后的发展规模了。

马斯克在创办X.com时，也是首先找到“关键少数”，搭建核心关系，组建了一个全明星团队。曾经在硅图公司和Zip2做过工程师的何艾迪——他的工作能力总是让同行惊叹不已，具有金融领域从业经验的哈里斯·弗里克和克里斯托弗·佩恩，再加上马斯克，四个联合创始人均已到位，X.com成立了。

那么，如何找到这些关键关系呢?

“4C”原则：互补（Complementation）——连接（Connexion）——共识（Consensus）——协商（Consultation）。

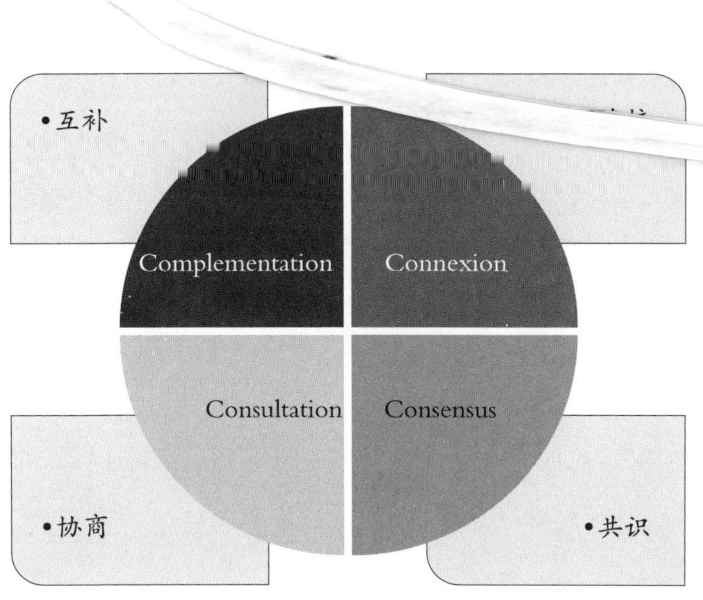

首先，找到互补。

术业有专攻，人才各有所长。再聪明的人，也不可能是全知全能的，世上所有的构想都不是某单一方面的知识就能解决的。因此，搭建核心关系的首要条件就是，找到构想目标所囊括的各领域的人才，人才之间形成互补。

X.com 的核心目标是在线银行，因此需要计算机、互联网以及银行金融方面的知识。X.com 的四人团队也正是如此互补的，马斯克和何艾迪负责计算机和互联网技术；哈里斯·弗里克是马斯克在银行实习时认识的，能力非常了得，是罗德奖学金的获得者；克里斯托弗·佩恩是弗里克在加拿大金融界的朋友，他俩则带来了 X.com 急需的银行领域专业知识。

其次，建立连接。

找到互补性关系后，则需要尽快与对方建立连接，拉近关系。有共同点是短期内拉近人与人之间距离的最有效的方法，是人与人有效连接的第一步。马斯克开始与佩恩并不熟识，但佩恩和弗里克是朋友，马斯克和弗里克也是朋友，有了弗里克这个中间人，X.com 的四人团队很快就拉近了距离。因此，要善于寻找关系中的“中间人”，这是与对方建立连接，拉近关系最快捷的方法。当没有“中间人”时，我们则需要寻找“中间物”，比如专业爱好、兴趣偏向等都是挖掘连接点的方向。马斯克之所以在新斯科舍省彼得银行实习时与弗里克一见如故，是因为二人在银行知识方面有很多思想火花的碰撞。

然后，达成共识。

找到了互补性关系，也与对方建立了连接，那么如何组团呢？孔子早有言曰：“道不同，不相为谋。”相同的理念，共同的目标，是关键关系的精神内核。X.com 的四位创始人都认为，在互联网时代，银行业的业务办理已经过时了，网络银行一定是未来的趋势。这一共识，是他们一起创办 X.com 的基础。对几乎所有的初创公司来说，“达成共识”是事业开启的基础。比如马云创业时的“十八罗汉”，马化腾创业时的“腾讯五虎将”等，高共识、高认同才能产生高凝聚力，从而打造高执行力以及高创造力。

最后，保持协商。

关键团队建立后，要想团队稳定且长久，需要始终保持协商的关系。徐小平曾说：“有时有创业合伙人到真格基金来，谈着谈着就发生争吵，真格基金肯定不会投这种人，好的团队一定要有商量的机制。”好的团队一定不是“一言堂”，要保持开放，成员之间都能畅所欲言，但发表意见不是固执己见，若是没有妥协性和包容性，团队便不能长久。

爱彼迎（Airbnb）创始人布莱恩·切斯基在谈到合伙人关系时，也强调不要让争论影响关系。他与其他两位创始人内森·布莱卡斯亚克和乔·杰比亚约定好，有争论时，每一个人都应该时不时地做出妥协，不把正确性排在友谊前面。切斯基认为，如果每次争论都想赢，那么就会只见树木，不见森林，而完整且强大的团队是一个企业生存下来的关键条件。所以，他们三人从来不会让争论持续很久，不会让争论影响彼此之间的关系。

遗憾的是，X.com 的团队就在这一点上绊住了脚。虽然四人都很卓越，但是 X.com 团队仅仅存在 5 个月后，就分崩离析了，关键就在于，他们互不妥协，尤其是马斯克和弗里克之间。一开始，他们因为性格迥异有一些小摩擦，后来，马斯克经常向媒体发表关于要反思整个银行系统的言论，而弗里克认为这些言论不切实际，他希望采取较为传统的方式来管理 X.com，并让自己担任 CEO。二人互不妥协，都认为自己才是正确的，最后，他们的争论只能以悲剧收尾，弗里克、何艾迪和佩恩都离开了，只有少数几位忠心的雇员留了下来。

幸运的是，马斯克很快又找到了核心关系。红杉资本公司的著名投资人迈克尔·莫里茨决定无条件支持 X.com。年轻的计算机科学家斯科特·安德森非常认同马斯克关于互联网银行发展的观点，即使他认为

X.com 的网站像好莱坞电影那样虚无缥缈，仍然义无反顾地加入进来。不久，X.com 就获得了银行牌照和共同基金许可证，并与巴克莱银行达成了战略合作关系，几个月之后，X.com 团队创建了世界上第一家网上银行。

马斯克的经历也告诉我们，我们每个人都应该像经营公司一样地经营自己，把自己当成 CEO：塑造并维护自己的品牌（名声）、打造自己的产品和服务、构建自己的协作关系、学会通过他人达成目标、设立一个格局高远的愿景、从更宏观和整体的角度思考问题等，这样才能利用关键关系，实现自己的目标。

善用“教练”，借“人”之势

从 0 开始，需要多久可以成为专家？

在“蒂姆·费里斯实验”中，这个答案是 5 天。

蒂姆·费里斯是“每周工作 4 小时”观念的首创者和成功实践者，掌握六门外语，拥有企业家、作家、演员、舞者等多重身份。他还是美国普林斯顿大学客座讲师，谷歌、PayPal 等创意公司的受邀演讲人。

2015 年，38 岁的蒂姆·费里斯以自己为研究对象，做了一系列学习实验。他选择了演奏乐器、赛车、巴西柔术、外语等 13 项非常困难的技能，每项技能从 0 开始学习，邀请世界级高手手把手教学，每个项目的学习时间只有 5 天，学完后都要接受一次世界级水平的考核，例如为知名乐队的演唱会伴奏、用菲律宾语完成一档直播节目、仅用一招制服巴西柔术世界冠军等。

最后，他的每一次挑战都成功了。

在这个实验中，我们发现，速成秘诀是——在高手身边学习，并主动向高手寻求反馈。

马斯克通过自学，成为半个火箭专家，但他认为这些都是书本上的理论知识，他还缺少一些在实际操作中积累的经验知识。于是，他将目光投向了SpaceX的工程师，这些工程师都是他从NASA挖过来的天才。于是，他找到这些天才，提出各种问题，在交流中获得自己想要的知识。SpaceX几乎所有的工程师都遇到过马斯克的这种随机提问。公司的早期工程师凯文·布罗根说："刚开始我以为他在考我，看我是不是知道自己在做什么。后来我才发现，他是想要学习知识。他会不停地追问，直到学会你所掌握的知识的90%。"

通常情况下，很少有技术公司的CEO能在各自领域达到名副其实的专家程度，但是，马斯克在与这些火箭高手学了几年后，成了货真价实的航天专家。他出色的学习能力和完美的记忆力，是他最为人称道的技能。凯文·布罗根说："我们教给马斯克火箭知识，马斯克教给我们时间的价值。"

在成长初期，人们往往需要通过书本、阅读进行系统化的学习。随着自己消化信息的能力、应用实践能力的提升，不妨选择直接从其他高手身上学习如何沟通、管理、决策，从同行精英或跨界专家处得到最前沿的信息，这样路径更短、效率更高，而且在实践应用之后，还可以快速找到高手做进一步的交流、反馈。

那么如何向高手学习，如何找到自己的教练实现快速成长呢？

找到高手，学习进化

既然要向高手学习，那首先自然是要找到高手。

一般企业在面试软件工程师时，通常是提出一个问题，要求面试者写十几行代码来解决问题。但SpaceX的标准面试题，很多时候需要软件工程师们写500行甚至更多代码。而且，即便通过了面试，还有一项任务：给马斯克写一篇文章，说明自己为什么想来SpaceX。

SpaceX的前1000名员工，包括技工和门卫都是马斯克亲自面试。那些在面试中代码写得好，很快解决了问题，并且最后文章写得好的人，都是马斯克认定的高手，他都会亲自跟他们交谈。

到处寻找高手是马斯克从没间断的事情。除了正常的招聘，他一直在到处寻找头脑灵活、才智卓越的工程师，他们不仅要学业优秀，而且要能做出一定的成就。一旦马斯克发现这样的人，就会使出浑身解数把这人邀请到自己的团队中来。

马斯克在莫哈维机场飞机库举办的一场航天大会上遇见了布莱恩·加德纳，两人相谈甚欢，刚认识没一会儿，马斯克就向加德纳发出了工作邀请。但是，加德纳的学术工作有一部分是由美国军工企业诺斯洛普·格鲁门公司赞助的，这让他不敢轻易答应马斯克的邀请。但马斯克非常爽快，直接就跟加德纳说："我们会帮你偿还赞助费。"

于是，加德纳把简历发给了马斯克。不到30分钟，马斯克就针对他邮件里的每一项内容进行了回复。马斯克对他说："希望你面试时能够具体地描述你的工作，而不是一些专业术语。”马斯克这种细致且谦虚的态度非常打动加德纳，很快加德纳就加入了SpaceX。在加德纳到来之前，火箭发动机有几十个阀门需要测试，而人工测试一个阀门通常需要花费3~5个小时，马斯克对这个进度一直不太满意，但也没有找到有效的解决方法。加德纳来了之后，给了马斯克很多新的思路，而且加德纳还开发出了一个阀门测试的自动化系统，不仅可以追踪单个阀门，更为重要的是它完成阀门测试仅仅需要几分钟。本来这一改进工作没有人愿意做，但有了加德纳这个高手，问题出色地解决了，这让马斯克非常兴奋。

所以说，善于借势，善假于人，是事半功倍的巨大推力。对我们来说，最有效的寻找高手的方法就是，追随自己在此前阅读、学习过程中发现的某个领域中观点比较独到、理论比较扎实、三观比较认同的学者或专家。

同时，自己要先通过大量泛读和资料搜索，对某一个领域积累一定的基础知识。如果你对一个领域一无所知，就去寻找高手的足迹，要么很难找以真正的高手，要么就算找到了高手，你却不知从何学起。只有具备了足够的基础知识，才有可能和高手进行同频对话。

除专业知识外，向高手学习还能学到更宝贵的“别人看不到的知识”：

1. 全局观。一般人观察事物，难以跳脱自己身份、职位、认知的局限，高手却能看到全貌，以及事物整体的发展情况和核心要点，他们既了解全局的发展情况，也洞察核心部分、关键要素。

2. 当前的事态。了解某个领域正在发生什么，从业者关注的热点是什么，学习高手对“当下”的敏锐度。

3. 新手容易忽视的规律和模式。事物的一般运行方式、实践应用中典型的操作，作为新手需要从基础开始循规蹈矩摸索和练习，而这对高手来说，则是刻在记忆里的经验和思维模式。

4. 外行无法察觉的差异。A 好还是 B 好？ A 和 B 的区别是什么？好在哪里？这些问题，外行只能看个热闹，而内行则知其中的门道。

5. 对风险的感知力。事物发展过程中，可能出现的意外情况、预料之外的事件有哪些？对风险的预判和预案，没有经年累月的经验积累和深谋远虑，是难以觉察的。

6. 临场应变的能力。出现危机如何应对，出现机遇怎么才能抓住？

7. 认识自身局限性。认识自我盲区是一件需要勇气和智慧的事情，它建立在对自我价值和信念高度认同的基础之上，而只有了解到自我的局限，才能强化优势，为实现未来的目标蓄电储力。

学会提问，聚焦内容

年轻的工程师初到 SpaceX 时，马斯克都会问他们很多问题，有一个问题是所有人都会被问到的：“你站在地球表面，往南走 1 英里，往西走 1 英里，再往北走 1 英里，刚好回到原点，请问你在哪里？”

大多数工程师能立刻回答出——北极。

但，马斯克会接着问：“还有可能在哪儿？”

答案是南极。没有几个工程师能回答出来。但马斯克也并不气恼，他会愉悦地和他们讲解这个题目，过程很详细，还会引用相关公式进行分析。马斯克更关注的是这些工程师描述问题的方式和提出的问题，他其实并不在乎对方是否能给出正确答案。

因为他说："提出问题比解决问题更为重要！"这一点，他在很多场合都多次强调过。

主动把自己的问题说出来，能让学习比"本能"更快一步。而主动询问，也是一种思维模式的转变，是从"努力证明"转变为"努力提升"。不再去评判自己好还是不好，而是为了满足成长的需求，寻找帮助和建议。

在主动询问反馈的情境下，提问者首先可以请高手有针对性地进行观察，并以谦虚的态度表达自己对获得反馈的期待，从而邀请高手为自己慷慨解惑。高效的反馈会反哺高效的学习，让人在密集的交流碰撞中实现快速成长。

那么如何提问才更高效呢?

答案是，将目标问题拆成若干个小问题，然后逐个击破。不要直接去问对方一个问题，我们需要给出这个问题的一个边界，在这个边界里，在这个情境下，向高手提问。我们需要明确，无论短期或者长期，向高手学习都应指向某个想要实现的目标。

蒂姆·费里斯实验中，他每向高手学习一项技能，都要完成对应的考核任务，例如为乐队的演唱会伴奏、完成一场巴西柔术对战……聚焦特定技能的学习，一旦发现当下的学习不能够帮助他完成目标任务，他就会立刻调整学习的策略和方法。

理解逻辑，归纳方法

高手对自己行业内的知识过于熟悉，因此在很多表达中往往会省略一些过程和细节，而这些细节对刚刚接触某个领域的新人来说，可能至关重要。

比如金融高手、投资高手，往往是根据某些重要的市场信息，直接得出结论。根据他们所说的结论，尝试推演他们思考过程中的缜密逻辑，是理解一个领域的必经之路，也是自我认知升级的重要一步。

马斯克在寻找人才、进行面试的时候，都会询问对方的事业生涯、处理过的棘手问题、解决这些问题的方法，以及如何在关键过渡点做出决策。他认为，问题一定要详细深入，这样能让他对这个人有更好的了解，因为只有真正负责过重大事项，针对难题真正想过解决办法的人，才能对细节如数家珍，而且在这些细节中，他也能从对方身上学到自己所需要的知识。

我们在向高手学习时，也要像马斯克一样询问具体问题和具体事例。理论与概念是固化的，但现实问题是多变的。因此，所有的知识和技能，如果单摆浮搁地看，也就只能看个表面，只是“知其然”。所以，要想更好地了解知识，必须回到具体的应用场景中，才能“知其所以然”，而后用之。这就像哈佛商学院倡导的案例教学法，从真实案例情境出发，更加形象生动，直观易学。具体案例中的操作方法和思维模式更贴近现实，更具借鉴和学习意义。

那么，要做到询问细致，可以分两步问：

第一步问怎么想。为什么这件事要这样做，当时的情况下是怎么想的，考虑的依据是什么，策略是怎么生成的……追问高手是怎么想的，目的是理解他行为背后的思考逻辑和思维模式。

第二步问如何做。具体是怎么做的，步骤有哪些，应对措施是什么，备用方案是什么……拆解每一个行为流程，深挖每一个步骤细节，目的是学习高手的流程技巧和策略方法。

在这两个大方向下，不断追问，再追问，不遗漏任何一个细节，不错过对任何一个行为流程的挖掘，然后对整个流程进行复盘。复盘也要两步走：

第一，归纳。通过不断的挖掘，我们已经将高手的能力分解成了具体的动作，归纳就要求我们在这些动作中提炼出可以用来复制的步骤和动作。提炼的动作的难度一定是层层递进的，从简单、容易上手的动作开始——“让我感觉到我也能行”，这样才易于激发信心，有了信心才有继续下去的动力。同时，提炼的动作应该是系统性的、有体系的，单点的知识不是完整的认知，单个行为动作也不能是方法模式，所以一定要注重系统性的动作。就像我们学习解一道数学题，学的不是这一道题的解法，而是通过这一道题学会这一类型题的解法，甚至是能将方法延伸运用到其他题型。否则，解决了这个问题，再出现问题时又会手足无措。

第二，比较。当我们想向高手系统地学习一个领域，了解某一问题的做法时，可以尝试冯唐提出的“和 CEO 比较法”，就是在看高手的分析之前，尝试问问自己，“如果是我，会怎么做？”“在这个过程中会遇到什么样的问题？”；和高手交流之后，再尝试按照你对他们认知框架的理解，问问自己，“现在我会怎么去做”“之前的问题解决了吗，还是又遇到了新的问题？”。根据这个高手的实际操作，跟自己的做法和判断进行比较，发现自己的不足，然后进行优化和改进，这是一种非常快的进步方式。如果有一天，你做比较的时候，发现自己的做法更加优越，那么恭喜你，你具备了 CEO 的思维，也是一名高手了。

综上所述，我们向高手学习时，一定要全面且具体——全面了解他的思想体系，学习思考他的知识系统的构建，以及逻辑架构的演进；具体学习他的行为模式，学习计划如何更详细、部署如何更周密、预案如何更充分等。如此我们才能提升认知系统，向高手靠拢。

需注意的是，我们要学习的不仅是高手的成功经验，高手的失败经历也是非常好的学习的案例。

谷歌前 CEO 埃里克·施密特就曾说：“最好的人才是经历过破产的 CFO，因为他们可真是见识了血雨腥风。”正所谓“失败是成功之母”，很多时候，失败的经验教训更有意义。

此外，竞争对手也是非常好的学习对象。奔驰在研发过程中，有一个环节就是开对手的车，研究对手的车，对对手的车型进行评估，然后从中汲取灵感。

所以说，无论是成功还是失败，无论是合作还是竞争，了解对方、拆解技巧和策略，都是最好的学习催化剂。

伍，需要你能发掘资源并将其合理配置，齐心协力为目标服务。正所谓，团队精悍，补给充足，才能在战场上无往而不利。而要想组建团队，团队领导者不光需要展示一定能成功的坚定信心，还要表现出为实现愿景愿意竭尽全力做出努力的态度，如此才能让其他人信服，团队才会有凝聚力。正如马斯克所说，“说服别人最主要的不是去游说，而是你需要真的相信这件事情，并做到一个临界点让大家能看到希望”。

总之，行动离不开速度、坚持与信心，行动的前提是专注于我们“想做的事”。

细分需求找对人

马斯克在创立 SpaceX 之前，也已经评估过成立一家火箭公司将面临多大的风险，马斯克不怕失败，因为他有一个至关重要的合作伙伴——汤姆·米勒。

米勒从小就是个《星际迷航》迷，小学时便迷上了火箭，12 岁就制作了一架航天飞机模型。在大学里，他是机械工程专业的优秀学生，毕业后，进入休斯飞机公司从事卫星研究。后来，他又去了 TRW 天空与电子设备公司。业余时间，他很喜欢与其他火箭爱好者聚会，加入了致力于推进火箭制造和发射的反应力研究学会。米勒经常与学会的火箭爱好者们一起去莫哈维沙漠试验和改进他们研制出来的非专业设备。他曾做出过一台重达 80 磅的火箭发动机，它可以产生 1.3 万磅的推力，这是

积极贡献自己的战略势能

“鹤老师说经济”里讲到过一个案例。有个人想买单反，他在摄影论坛里发了个帖子：请问5000元以内买什么单反好？

好几天过去了，帖子始终无人问津。于是，他换了个主题，重新发了个帖子：恕我直言，5000元以内的单反都不配叫单反。

很快，帖子就爆了。一堆人跳出来反对他，有个回帖更是摆数据、上技术，详尽地讲述了入门单反。他随即又放低姿态问道：“大佬说得对，是我肤浅了。那请问大佬，5000元以内有哪些单反呢？”对方又很详细地进行了介绍。

同一件事，仅仅是换了个说法，为何差别如此之大呢？

这就是人与人关系的一个重要“潜规则”，即是否为对方提供了价值。第一个帖子直接提问，单纯索取，回答的人并不能获得价值，所以无人问津。第二个帖子语气自大，却给回答的人带来了一定的价值，即“我比你懂、我是大佬”的情绪价值。随后的放低姿态，再次请教的态度，让对方的这种情绪进一步加深，也就更有动力进行延伸讲述。

所以说，高效的人脉关系一定要考虑对方的利益，考虑你是否为对方提供了价值，不管是物质价值还是精神价值，只要有价值，对方才有动力，你也才能收获到自己想要的。

马斯克建立的共同体使命感

在 SpaceX 和特斯拉，几乎每一个员工都能一字不差地说出企业的使命和愿景，并从内心真正认同。

正是这份对企业愿景的认同，让员工们能够承受高强度的工作，并在企业遭遇重大危机时，继续选择坚守。

在特斯拉和 SpaceX 工作的人，主流背景大多是这样的：从小生活在发达国家，定居加州，教育背景突出，名校毕业，才华横溢。他们的物质基础通常都不差，所以，对他们来说，探寻人生意义、参与一项改变世界的大事业更有意义。

马斯克也非常擅长动员员工的力量，让公司里的每个人都发挥出自己 120% 的光和热。杰米·卡尔森曾在特斯拉担任高级工程师，他说：“马斯克有个本事，就算你在特斯拉只是做保洁工作，他都能让你感觉到，自己正在和他一起改变世界。”

马斯克非常善于讲故事，他给他的员工们讲移民火星的愿景，描述特斯拉在地底畅通无阻的风采，展示脑机接口的巨大意义……他讲得激情澎湃，感染了每个倾听的人，让他们相信自己的平凡人生也应该有非凡的英雄梦想，甚至吸引了更多“充满才华和热情，对金钱不太敏感，还有一些理想主义”的人，全力投入到马斯克改变世界的事业中。

马斯克不仅口号喊得响，行动上也以身作则，他不仅把身家财富都豪赌在自己的公司中，而且始终冲在第一线。比如，在特斯拉的生产任务非常繁重的时候，他甚至在生产线旁睡了几天；再比如，年底，大家在庆祝新年，在纽约时代广场狂欢的时候，马斯克在体验店里亲自卖车。这样的事情在马斯克这里数不胜数，他是个非常能拼的企业家，而他的这种努力拼搏不放弃的精神，对员工和团队都起到了非常强的表率作用。

很多与马斯克共事的人，他的伙伴、同事、员工，都曾对马斯克粗暴的沟通方式、严苛的工作要求，以及超长的工作时间感到不满，但同时，几乎所有的人，包括那些被马斯克解雇的员工，都无一例外地崇拜他，相信他设想的目标——“没错，我们可以去火星”。马斯克就是这样，以强烈的愿景激发出了在其他科技公司很少见的忠诚。

因此，记住一点，与优秀的人建立人脉，不是搞关系，而是创造命运共同体。当你投入全部的激情到你所热爱的事业中时，不仅会放大自身价值，还会感染与你有同样志趣的人。如果你能为别人提供价值，自然会吸引越来越多的优秀的人聚集在一起。

维系感情，要关注“情感账户”

马斯克对工作的一贯要求是做到极致，很多时候他都严酷得不近人情。但马斯克也不是一直冷漠无情，他也会注重维护团队成员之间的情感。

霍尔曼在得克萨斯州试验场制作火箭原型的时候，工作强度非常大，眼镜掉进火焰导管里好几周了，都没有时间重新去配。霍尔曼只得找到一副老式护目镜，用钻床把上面的安全防护罩去掉，凑合着用。结果，当他试着钻到发动机下面的时候，镜片被刮坏了，这副临时眼镜也凑合不了了。

每周工作100个小时以上，根本没有时间去配眼镜，只能戴着刮花的眼镜模糊地看东西，事情太多太忙了，这一切让霍尔曼压力巨大。有一天，他在工厂里发起牢骚，却没有看到马斯克就站在附近。2个小时后，马斯克的助手玛丽·贝思·布朗给霍尔曼拿来一张眼科专家的预约卡。当霍尔曼看完医生准备付钱的时候，发现马斯克已经支付了手术费。此后，霍尔曼经常跟其他人说：“埃隆对工作的要求很高，但他会先清除你前进路上的障碍物。”

史蒂芬·柯维在《高效能人士的七个习惯》中将人与人之间的关系做了一个比喻——“情感账户”。他说：“你必须把每一次人际交往都看成是往他人情感账户内存款的一个机会。”就像储蓄一样，想要财富越来越多，就要多存少取；想要与对方保持良好、长久的关系，就要往账户里多存储情感，存得越多，关系就越好、越牢固。

显然，强势如马斯克也很注意维系团队成员之间的“情感账户”。

如果存得少，取得多，关系就会一步步走向恶化。

这些年我们总能看到一些孩子与父母剧烈冲突的新闻：父母控诉孩子，与自己不亲近，不服管教；孩子控诉父母，根本没有爱过自己。其实，根本原因就在于，父母在孩子的“情感账户”中储蓄太少。很多父母由于各种原因，在孩子小的时候，将孩子交给长辈抚养，等孩子大了再接到自己身边，这个时候若是一味地管教孩子，孩子自然会排斥反抗。因为长期的疏远，父母并未在孩子的“情感账户”中存入足够多的感情，却还不停地“取钱”——唠叨、指责，亲子关系只能越来越差。想让孩子与自己亲近，就需要在“情感账户”中存入足够多的爱——“情感账户”富足的孩子，不仅会与父母关系良好，与其他人建立良好的关系也会更容易。

《伊索寓言》里有一个故事，一个农夫得到一只下金蛋的鹅，鹅每天都会下一个金蛋，但农夫觉得每天一个太慢了，想把鹅肚子里的金蛋一次取出，于是打开了鹅的肚子，结果发现里面一颗金蛋都没有，鹅也死了。这个故事就是告诉人们，凡事一定要入出对等，不能急功近利，人与人之间建立的“情感账户”也是这样的。

这个世界是自然法则在起作用的，有付出才有回报。《高效能人士的七个习惯》给出了投资“情感账户”的七种方式：“理解他人、注意小节、信守承诺、明确期望、正直诚信、勇于致歉、无条件的爱。”这七种方式显然适用于我们所有的人际关系——亲密关系、亲子关系、职场关系、朋友关系等。

人是具有社会属性的，是互相依赖的，所以一定要牢记“情感账户”的概念，做好“情感账户”的投资。同时有一个特别要注意的地方，就是俗话常说的，一个真心实意的朋友，胜过十个泛泛之交。

“双赢思维”是处理人脉关系的哲学

硅谷投资人纳瓦尔·拉维坎特在一次访谈中谈到人脉关系，他不建议去看那些教人建立人脉关系的文章，他认为人脉不是苦心经营出来的。他说：“只要你做出了了不起的成绩，你的人脉就会瞬间暴涨，你有好的产品，有良好的客户群基础，你就会很容易找到投资人。而不需要提前几年忙着参加各种内部会议，和各种人结识，建立关系网。”纳瓦尔强调，不管是招聘人才，还是向高手请教，一定不能是单方面的索取，一定要保证能给对方提供价值。

也就说，“双赢”是建立可持续且有价值的人脉关系的基础。

马斯克在处理人脉关系的时候，秉承的也是“双赢思维”。他需要那些高端人才帮他一起实现他的宏伟梦想，同时他也为这些人才提供了自由施展才华的舞台，激发他们的内在潜力，让他们的个人价值最大化地实现。霍尔曼就曾说过马斯克对他的积极影响。比如说，外部采购零件时，遇到工厂在售的现有零件不适用的情况，之前他会习惯性地让工厂完全从头开始、专门制作，但现在，在马斯克多角度的思考模式的影响下，他发现只要改动一下该工厂销售的汽车排污阀的密封部分，就能符合火箭的使用条件了。他认为，如果他还在波音的话，是想不出来如此高效的办法的。

这就是高质量的关系，双向奔赴，相互赋能，相互成就。

纳瓦尔是硅谷的标杆式人物，他创办过多家公司，如股权众筹平台AngelList、消费评价分享网站Epinions等。他更显著的成绩是，在推特、优步等科技公司创立之初，便投资了它们。纳瓦尔可谓是战绩赫赫，但他所有的交易都会找同一个人，那就是埃拉德·吉尔。埃拉德也是知名的天使投资人，与推特、谷歌、爱彼迎等公司都有合作，帮助这些公司从小规模做到了后来的大巨头，而他的很多成绩离不开纳瓦尔的推荐。

纳瓦尔从来不吝啬对埃拉德的欣赏，常常表示最喜欢与埃拉德共事。因为每次交易时，埃拉德都会把纳瓦尔的利益放在第一位，除了合同约定的收益外，埃拉德还会竭尽全力为他争取额外利益，如果交易中产生了多余的费用，埃拉德也不会另做计算，都是自掏腰包。这让纳瓦尔对埃拉德产生了巨大的信任，也不计成本地对埃拉德好，只要有项目交易，他第一个想起的伙伴就是埃拉德。

真诚地为对方提供价值，是建立和维护长久关系的最简单、有效的方法。正如王健林所说："小抠是绝对很难成功的，别人跟你合作一回，不会跟你合作第二回；算计别人的人，到头来都是算计自己。"

利益共享是合作的前提，维护对方的利益，其实就是在维护自己的利益。

曹德旺将一家乡镇玻璃厂打造成为今天世界第二大汽车玻璃供应商，靠的就是从不做有损对方利益的事情。他一直坚持做生意一定是互惠互利的，而不是你死我活、乘人之危的。他说：“自豪地讲，普天之下，没有一个人会指着我的鼻子骂，‘曹德旺，你少我一分钱。’”

“坑别人，最终肯定也会死在别人手上；帮别人，别人反而会宣扬你的好。”这是曹德旺的人际哲学，朴素而简单，也应是我们要学习的人际哲学。

站在他人肩上思考

牛顿曾说：“如果说我比别人看得更远些，那是因为我站在了巨人的肩膀上。”

连伟人都是如此，可见，当我们遇到问题时，完全可以借助他人的帮助走出困境；当我们感到迷茫时，也可以借助别人的力量找到方向。

先从倾听别人开始

马斯克在工作中态度很强势，甚至很多时候有些咄咄逼人。他会要求特斯拉的员工每周四早晨 7 点开会，要求员工必须了解每个零件的价格。公司每个月都会对这些零件的成本进行分析和规划。他的大脑就像一台计算器，只要有一个数字不合理，都能被他发现，而负责这项数据的人很可能会付出惨重的代价，甚至是失业。

虽然有些人认为马斯克过于强硬和暴躁，就像一个十足的暴君，但马斯克也有着一个巨大优点，那就是他善于倾听别人，尤其对于那些有理有据、分析性很强的观点，他会表现出极大的耐心，而且只要你的观点足够好，马斯克就会改变他的想法。他愿意倾听，然后提出问题，并且能迅速调整自己的想法，付诸行动，让事情得到突破性进展。

强硬，但不固执，马斯克注重的只有事实真相，而善于倾听，让他能更快地接近事实真相。

苏格拉底有句名言，“上天赐人以两耳两目，但只有一口，欲使其多闻多见而少言”。这是在告诉我们倾听的重要性。每个个体，不管天资多高，都存在某一个或者某些方面的局限，因此，我们需要倾听别人，从而弥补不足，走得更远。

刘邦曾问陈平：“我跟项羽相比，怎么样呢？”

陈平说：“项羽是个贵族，对人彬彬有礼。你对人开口就骂，扬手就打，就是个流氓。”

那为何“流氓”刘邦最后得了天下，贵族项羽却落得自刎乌江呢？

原因就在于，刘邦非常有自知之明，知道自己不行，所以他非常善于倾听，如果别人提出的意见有理，他会立即做出决策并且马上执行，于是能人贤臣都聚到他麾下。而项羽却自负塞听，将一手好牌打得稀碎。

“为之奈何？”是刘邦每每遇到问题时的口头禅，他自己也承认：“夫运筹策帷帐之中，决胜于千里之外，吾不如子房。镇国家，抚百姓，给馈饷，不绝粮道，吾不如萧何。连百万之军，战必胜，攻必取，吾不如韩信。”但，他善用这三位人杰，能倾听采纳他们的意见，所以他能取天下；登上皇位之后，他仍善于纳谏，所以他能定天下。

刘邦从来不在乎谋臣的意见与他是否一致，哪方意见对，哪方意见更高明，他就选择哪一方。他的原则是，最重要的不是谁对，而是什么对。

人们常说，能看到多远，人生就能走多远；目光能达多高，人生就能达到多高。而倾听，尤其是倾听高人的意见，是拓宽眼界、提高格局的不二法宝。

2021 年，陈佩斯执导出演的舞台剧《惊梦》甫一亮相就受到了各界好评，尤其是剧中的昆曲表演表现出了极高的专业水准。对此，陈佩斯说，他的秘诀就是“谁比我强，我就听谁的”。

陈佩斯不懂昆曲，于是他拿着剧本去请教中国戏曲学院的王小燕老师。王小燕老师从专业的角度提出了很多意见，陈佩斯说：“很多地方我都不懂，我也不知道，我就按照她说的，我一点都不改，她是专家，我就听她的。”于是，就有了曲折故事与昆曲之美的完美融合。

很多时候，我们限于阅历、经验的不足，对未来的判断难免有误。但是，只要我们善于倾听，与智者同行，那么自然会看到更高处的风景。

人脉网中的光环效应

2022 年 4 月 13 日，马斯克宣布，想以 430 亿美元的价格收购推特。推特大股东、沙特王子阿尔瓦利德 · 本 · 塔拉尔强烈反对，他认为推特的价值高于这个价格。特斯拉最大股东之一、巴伦资本公司 CEO 罗恩・巴伦也非常不赞同，他认为这一举措会影响特斯拉的股票，毕竟这是一笔巨款，人们会担心马斯克为了筹钱而抛售特斯拉的股票。

但是，不到 10 天，马斯克就组建了一个 19 人的豪华投资人天团，收到了价值 71.39 亿美元的股权承诺书。甲骨文联合创始人拉里・埃里森承诺为收购提供 10 亿美元，其他投资者还有加密货币交易平台币安、红杉资本、沙特基金 VyCapital、加密风投 A16z、风险投资公司德丰杰（Draper Fisher Jurvetson）、跨国金融公司富达（Fidelity）等知名机构。

这些大佬要么是马斯克非常亲密的朋友，要么是马斯克合作紧密的伙伴。A16z 联合创始人本・霍洛维茨和币安 CEO 赵长鹏还在网上公开对马斯克表示支持："马斯克是世界上唯一一个有勇气、才华和能力来解决所有问题并建立理想社区的人，""（币安投资 5 亿美元）这是对这个交易的小小贡献。"

在这些大佬的加持下，此前不看好此次收购的反对者也逐渐转变态度。罗恩・巴伦和阿尔瓦利德王子也变成支持者，阿尔瓦利德王子还承诺不会套现离场。大佬们的影响还不止于此。本来推特的董事会并不同意收购，甚至还准备启用"毒丸计划"阻止收购。但仅仅过了 10 天，推特的董事会便同意收购计划。外界很多猜测都认为，是这个豪华投资团让董事会感受到了压力，同时也看到马斯克的能力。

虽然在 7 月 8 日马斯克又宣布中止对推特的收购，但是我们仍能从前期过程中，从阿尔瓦利德王子、罗恩・巴伦以及推特董事会态度的转变中，感受到人际网中光环效应的巨大作用。

光环效应是一种影响人际知觉的因素，指“一个人的某种品质，或一个物品的某种特性一旦给人以非常好的印象，在这种印象的影响下，人们对这个人的其他品质，或这个物品的其他特性也会给予较好的评价”。人们常说的“爱屋及乌”就是光环效应的表现。

光环效应在人脉关系中随处可见，如果运用得当，“光环效应”可以变成我们前进道路上一阵得力的东风。

电影《西虹市首富》中有这么一个桥段，主人公王多鱼花了4000万元拍下了股神拉菲特先生的午餐。当然，王多鱼这么做只是为了尽快花光手里的钱，所以一顿戏谑之后气走了拉菲特。但是，股神的光环已经扩散到了他的头上，他在人们眼里也成了和股神一样成功的人物，所以尽管他之前买入的是夕阳产业的股票，但是股民都纷纷跟投，让想花钱的他又轻松赚了1亿元。

虽然这是电影里虚构的一个桥段，但也证实了：人们往往会通过某个人身边的人来判断这个人，哪怕这个人与他身边人的成功毫不相干。

美国心理学家凯利曾做过一个社会实验，他在麻省理工挑选了两个不同的班级，并在上课之前告诉学生，临时请了一位研究生来代课。他向两个班级的学生介绍的这位研究生的情况略有不同，向一个班级介绍这位研究生非常热情、勤奋、务实、果断，向另一个班级介绍这位研究生比较冷漠，但仍然勤奋、务实、果断。下课之后，凯利看到前一个班级的学生与研究生的关系明显更好，而另一个班级的学生则对他敬而远之。你看，同一个人，却因心理学家不同的介绍，导致人们对他的印象天差地别，可见光环效应的影响有多大。

再比如，一个男生的女朋友是哈佛大学的高才生，人们多半会想，这个男生也一定很聪明，工作很出色，学历很优秀。也就是说，一个人如果在某方面有了一个光环，那么他的其他方面都会闪闪发光。“情人眼里出西施”也是这么来的。

在日常生活中，我们应该如何利用光环效应呢？

要让光环效应能够成立，一定不能是自己夸自己，而必须是别人夸自己。因为，如果赞扬你的话是从第三个人嘴里说出来的，人们会在潜意识中觉得可信度比较高，这样听到这些话的人对你的第一印象也会比较好，会更容易肯定你的价值。通常可以使用以下两个方法，让光环效应发挥作用：

1. 打造自己的核心亮点，即记忆突出点。找到自己的核心优势，然后深入打磨，做到最强、最独特，成为能让别人一下子就记住的核心记忆点。只有建立一个属于自己的标签，让别人觉得你非常优秀，增加对你的好感，你才能有机会被人提起。

2. 借用已有光环。要想让别人快速地知道你，借用已有的光环是最快捷的方式。比如，你想结识一位企业家，这时你发现企业家曾经的老师也是你的老师，那么你就可以通过老师的光环很快与这位企业家建立起联系。

将以上的内容总结一下就是，我们要努力使自己某一方面变得特别出色，然后善加利用，借用人脉关系中的光环效应，让那些比我们成就更高的人看到，吸引他们，进而通过他们所带来的光环效应来扩大自己的影响力，达到事半功倍的效果。但需要注意的是，光环效应一定要善用，毕竟人们可以“爱屋及乌”，也可以“厌屋及乌”，所以，找对光环，同时完善自己，才能发挥光环效应的积极作用。

构建自己的智囊团

乔布斯说：“我的成功得益于发现了许多才华横溢、不甘平庸的人才。不是 B 级、C 级人才，而是真正的 A 级人才。”他将这些优秀的 A 级人才称为“智囊团”。

马斯克在 SpaceX 成立之初，也聘请了一个全明星团队。除了最懂火箭制造细节的汤姆·米勒外，马斯克还找来了曾担任波音公司运营副总裁的克里斯·汤普森，他曾管理德尔塔火箭和“大力神”火箭的生产；世界上最优秀的火箭测试专家之一的蒂姆·布扎，他也来自波音；曾在 JPL 和其他两家商业太空公司任职的史蒂夫·约翰逊，他来到 SpaceX 后担任高级机械工程师；宇航工程师汉斯·克尼格斯曼，他负责航空电子技术、制导和控制系统的开发；火箭科学家格温·肖特维尔，她是 SpaceX 的第一位销售员，在航天领域经验丰富，是马斯克最为得力的助手之一。这些卓越的人才，组成了 SpaceX 最初的超级智囊团。

智囊团，并不是现代才开始流行的，历史上的那些军师、谋士、师爷等都是智囊团，他们在历史风云中都起到了举足轻重的作用，即使在民间，也有“三个臭皮匠，顶个诸葛亮”的说法。

在竞争激烈的现代商业社会，智囊团更为企业所重视。智囊团通常是由两人及两人以上组成，他们或许个人能力各不一样，但为了共同的目标而通力协作。综观那些卓越的企业，背后无不有着智囊团的身影。

美国钢铁公司创始人卡内基，就是一位十足的智囊团倡导者。卡内基少时清苦，并没有机会接受高等教育，在成为“钢铁之王”前，对钢铁知识也是知之甚少，但他深知人才的重要性，他四处寻找优秀的人才，将他们集中麾下，组成了一个有着 50 多位各领域专家的智囊团。遇到任何重大问题，他们都能为卡内基出谋划策，及时提供切实可行的解决方法。卡内基曾说：“将我所有的工厂、设备、市场、资金全部夺去，只要留下我的成员，4 年后我仍将是一个钢铁大王。”

商业巨头们需要智囊团，对我们个人来说，也需要构建自己的智囊团。

虽然个体相对于企业公司来说很单薄，但是我们单看自己的人生，智囊团意义重大。所以，如果我们希望人生路上能少走弯路，希望人生能更上一层楼，能更快实现人生目标，那么就需要构建一个自己的智囊团。

具体来看，构建自己的智囊团有三个好处：

1. 丰富信息来源。个人的信息渠道终究是有限的，有了智囊团，获得信息的渠道就会更多，这样可以降低因信息不对称而导致的过错率。

2. 方向指引。人的认知是有限的，思维也会存在盲区，当我们遇到问题、感到迷茫时，智囊团会帮我们拨云见日，找到正确的方向。正所谓，站在他人肩上，看得更高。

3. 方法辅导。人的能力也是有限的，在工作、生活中总会碰到处理不了的棘手问题，求助智囊团，也许能让你找到解决问题的最佳方法。

那么，如何构建自己的智囊团呢?

1. 善于发现。努力去结交在不同领域里比自己更优秀的人，虚心向他们请教，与他们保持好联系，让他们成为自己的导师。

2. 自我成长。想让别人帮助我们，就要让别人看到我们值得被帮助。所以，要成为一个积极向上、坚持成长的人，而不是懒惰躺平，只把希望寄托于别人身上。毕竟，先自助，而后才有他助。

3. 诚恳感恩。想要与智囊团保持长久、良好的关系，一定要有一颗真诚且懂得感恩的心。正所谓“始于才华，终于人品”，正直诚恳才会有贵人相助。

机遇也是创造出来的

马斯克在太空领域的人脉已初具规模时，他举办了一系列沙龙活动，他并没有正式的商业计划供他们讨论，而是希望他们能够帮助自己实现送老鼠上太空的想法或者至少能够想到类似的计划。许多著名的业内人士出席了活动，这些优秀人才的深厚学术造诣涉及航天工程、电气工程、土木工程和应用物理学领域，在与这些人的交流中，马斯克确定了最终目标——将人类送往火星。

韩寒曾说："一个人能走多远，要看他跟谁同行；一个人有多优秀，要看他有谁指点；一个人有多成功，要看他与谁相伴。"

马斯克不止一次地说要与人多交流，因为，人生有很多机遇就隐藏在这一段段的关系中。

人脉关系中的马太效应

得益于马斯克搭建的明星团队，SpaceX 发展迅速，这反过来又让 SpaceX 能更容易地招徕年轻的人才。因此，在 SpaceX 成立的第 1 年，每周都会有一两个新员工加入团队，迅速壮大的团队让 SpaceX 的研发进度大大提前。SpaceX 的雄心也由此开始传遍业界，吸引了更多喜欢冒险的顶级工程师，他们纷纷从各大航空航天公司离职，加入这家新贵企业。

凯文·布罗根是 SpaceX 的第 23 名员工，此前在 TRW 天空与电子设备公司任职。TRW 有很多条条框框的限制，布罗根觉得那里就像是乡村俱乐部，根本没人认真工作。朋友向他推荐了 SpaceX，面试后的第二天他就开始工作了，当时他甚至都没有自己的工位，在办公室里随便挑了一台电脑，然后自己去商场买了所有办公必需品和一把椅子。在不停歇地工作了 12 个小时后，他回家睡了 10 个小时，然后又回到了 SpaceX 工厂。“我累坏了，这简直是身体和心理的双重折磨，”布罗根有点崩溃，又很兴奋，“但我很快就爱上了这种工作方式，简直无法自拔。”

杰里米·霍尔曼也是这样被吸引过来的。霍尔曼在波音公司做过几年测试工程师，负责喷气机、火箭和航天器的测试，拥有艾奥瓦州立大学的航天工程学位和南加州大学的航天工程硕士学位。波音公司也有着各种限制，这让霍尔曼对这类大型航空公司并不满意，认为他们官僚主义严重，限制太多。所以当马斯克来游说他的时候，他立马答应了下来：

“我认为这是一个我不能错过的机会。”霍尔曼是个全才，他进入 SpaceX 后就开始与米勒联手进行火箭发动机的制造，并负责新人的培训工作。霍尔曼是 SpaceX 初期的重要人物，很多人都认为如果少了霍尔曼，也许 SpaceX 在早期可能就倒闭了。

《新约・马太福音》中说：“凡是少的，就连他所有的，也要夺过来。凡是多的，还要给他，叫他多多益善。”美国科学史研究者罗伯特・莫顿将生活中的这种现象归纳为“马太效应”：“任何个体、群体或地区，一旦在某一个方面（如金钱、名誉、地位等）获得成功和进步，就会产生一种积累优势，就会有更多的机会取得更大的成功和进步。”

通过马斯克不断地发掘人才，SpaceX 也形成了人才马太效应，越来越多的人才受到感召来到这里，团队越来越壮大，很快，除了原有的几栋办公楼外，SpaceX 在埃尔塞贡多的几栋楼也挤满了人。2002 年的下半年，SpaceX 还只拥有一座空仓库，1 年后，这个仓库已经看起来像个真正的火箭工厂了。SpaceX 也形成了一种特有的团队氛围，这些卓越的人聚在一起，有着共同的目标，一起努力，一起抵御外界的质疑。

SpaceX 作为企业组织，有着天然的优势，形成马太效应。对个体来说，我们也可以通过塑造自己的优势来激发人脉关系中的马太效应，并发现机遇。

《别独自用餐》一书的作者基思·法拉奇儿时家境贫穷，且出身底层，父亲是工人，母亲是帮工，但就是在这样没背景、没资源、没关系的条件下，法拉奇后来不仅成为美国顶尖的职业经理人，甚至还是美国前总统克林顿智囊团里的人脉大师。他是如何逆袭的呢？

法拉奇说，他的成功都源自人脉关系对他的帮助，他还将在人脉关系上的成功经验写进了《别独自用餐》里。书中他说：“要建立一种有效的社交关系，不是一朝一夕能完成的，所以绝不能临时抱佛脚。因为，一种成熟而稳定的关系是需要不断维护的，想要得到别人的信任和帮助，需要自己一点一点去铺垫。”

法拉奇从小时候当高尔夫球童就开始一点点地在铺垫了。一开始，他给波兰特女士当球童，不仅关注波兰特女士的健康，而且为了让她能赢得更多的比赛，每次比赛前，他都会查看每一个球洞，并测试球的滚动速度。这大大提高了波兰特女士的赢球率，她非常开心，经常夸赞他。后来，波兰特女士只要在俱乐部发现谁可能对法拉奇有帮助，她就会向这个人大力推荐法拉奇。越来越多的人来找法拉奇做球童，法拉奇依然尽职尽责，不管服务的是谁，他都竭尽全力做到最好。他在俱乐部的好评越来越高，不到 1 年，他就成了俱乐部的最佳球童，在这个过程中他也建立起了良好的人脉关系，这些人后来给了他很多帮助，他也由此开启了人生的逆袭之路。

法拉奇说：“一个人的成功，85% 归功于他的人脉关系。”他认为，良好的个人品牌是决定建立人脉网络难易的关键条件。比如，一个普通公司的普通白领就很难结识大公司的 HR，但若是这个白领非常会剪辑视频，是个有点名气的视频博主，也许就会有大公司的 HR 直接找到他；再比如，一个普通人很难有机会认识专家学者，而一名畅销书作家根本不用他去结识别人，自有很多人慕名想结识他。

这就是人脉关系中的马太效应，好的会越好，坏的会越坏，多的会越多，少的会越少。打造好公司，就会吸引越来越多的人才，人才的增多，又促进了公司的进一步发展；打造好自己，自然也会吸引更多更高质量的人脉关系，而高质量的关系又会带来更多的机遇，促进个人的发展，如此形成一个正向的关系能量闭环。

好的关系中有好机遇

高质量的人脉关系网会带来更多的机遇，成为我们人生道路上的助推力。

艾伦·凯是乔布斯的朋友。当时乔布斯正处于即将被驱逐出苹果公司的困境，艾伦深知乔布斯的兴趣点是创意和科技的融合，于是他邀请乔布斯一起去拜访自己的朋友乔治·卢卡斯电影制片厂电脑部门的负责人埃德·卡特穆尔。卢卡斯电影电脑部门有两个团队，一个负责定制电脑的研发，一个负责用电脑制作动画。乔布斯对卡特穆尔所展示的电脑动画非常感兴趣，他觉得计算机技术与故事创意结合简直太酷了。

于是，乔布斯从苹果出来之后，就收购了这个电脑部门，并把电脑动画独立了出来，这就是后来大名鼎鼎的皮克斯动画工作室。皮克斯刚开始发展得并不顺利，甚至可以算得上坎坷，直到动画短片《锡铁小兵》的出现——这部影片获得了当年的最佳动画短片奖，皮克斯才一下子打响了自己的名气。

《锡铁小兵》之所以能这么成功，功劳主要在约翰·拉赛特。拉赛特是迪士尼的前雇员，他的前东家看到皮克斯的成功后，想召回拉赛特。迪士尼以为拉赛特会念旧情，却没想到拉赛特是乔布斯的死忠粉——他坚信，乔布斯一定会带着他创造新历史。后来证明，拉赛特完全押对了宝。

乔布斯对拉赛特非常欣赏，两人关系也非常亲密。众所周知，乔布斯脾气暴躁，对自己的艺术品位相当自信，因此很多在他面前谈创意的人都受到过他的嘲讽和怒骂。但拉赛特除外，乔布斯总会全力支持拉赛特的工作，他的创意总能让乔布斯折服。在乔布斯到来之前，拉赛特在迪士尼和卢卡斯一直都业绩平平，但在乔布斯手下，拉赛特展现出了非凡的才华——从《锡铁小兵》的崛起开始,《玩具总动员》《虫虫危机》《赛车总动员》等接连十几部动画大片火爆全球，不仅让皮克斯赚得盆满钵满，各大奖项拿到手软，拉赛特也被誉为当代“华特·迪士尼”。

乔布斯也用皮克斯的成功再次向世界证明了自己，皮克斯带来的收益帮助了他的另一家公司 NeXT Computer 的发展，而这家公司正是日后乔布斯回归苹果的关键。可以说，没有皮克斯，乔布斯很难回到苹果，也就没有后来改变世界的乔布斯了。

所以说，好关系中自有好机遇。乔布斯通过艾伦·凯的关系，遇到了皮克斯这一大机遇；约翰·拉赛特因与乔布斯的关系，将人生上升到了全新高度。

每一个人身上都有一个磁场，如果你遇到的是好的磁场，不仅能给自身带来正向的影响，而且磁场中往往蕴藏着好的机遇。所以，经营好自己的磁场，就是在经营自己的机遇。

从弱关系中寻找机会

马克·格兰诺维特是 20 世纪 70 年代以来全球最知名的社会学家之一。当他还在哈佛大学读研究生的时候，要做一项题为“找到一份工作”的研究课题，为此他在波士顿走访了 282 名不同职业的人，询问他们是如何找工作的。结果显示，18.8% 的受访者是通过招聘广告或中介公司等公开渠道找到工作的；20% 的受访者是直接去公司询问申请的；56% 的受访者则是通过个人关系找到工作的。

人脉关系确实是快速找到工作的最佳办法，但是让格兰诺维特惊讶的是，在 56% 的通过关系找到工作的受访者中，只有 16.7% 的人与牵线搭桥的人是经常见面的强关系，28% 的人很少与搭桥人见面，高达 55.6% 的人与搭桥人几乎不见面，甚至是只有一面之交的弱关系。

这一数据让格兰诺维特认识到，虽然弱关系看似没有强关系稳固，但在找工作和发展事业的过程中，弱关系比强关系更有效。这一发现后来被认为是现代社会学最有影响的发现之一。

格兰诺维特认为，强关系是和自己频繁接触的亲人、同学、同事、朋友等。弱关系则指的是和自己接触很少的、仅仅算作认识的那些人。

英国牛津大学的人类学家罗宾·邓巴的“150定律”也认为，每个人可以和他人保持稳定、密切关系的最大数量是150人左右，其中强关系约30人，弱关系约120人。

特斯拉成立之初，三位创始人马丁·艾伯哈德、马克·塔彭宁和伊安·莱特在确定初步发展计划后，决定开始寻找风险投资。为了让他们的项目更直观，看上去更可靠，他们还找当时比较有名的电动汽车公司AC Propulsion借了一辆电动跑车。但很遗憾，很多风险投资人只看到了电动汽车酷炫的外形，却看不到其更深层次的意义。最终仅有两家风投公司愿意合作。其中，风投公司Compass Technology Pareners的首席合伙人与艾伯哈德和塔彭宁之前创办的NuvoMedia公司合作过，留下了不错的印象，他对艾伯哈德和塔彭宁有一定的信任，选择了投资。

靠着这段弱关系，艾伯哈德和塔彭宁为特斯拉拉来了第一笔资金，但仍有700万美元的资金缺口需要填补，才能造出属于特斯拉的“原型车”，让他们有一个实实在在的可以向别人展示的“成果”。他们需要一位投资人。就在他们焦虑的时候，AC Propulsion公司的总裁汤姆·凯奇告诉艾伯哈德，马斯克正在电动汽车领域寻找投资项目。

汤姆·凯奇虽然与艾伯哈德认识，但他们并不是亲密朋友。可恰恰是这段弱关系让艾伯哈德打开了未来世界的大门。在凯奇的提醒下，艾伯哈德和莱特在一个周五来到洛杉矶与马斯克见了一面。那个周末，马斯克又联系了在外地的塔彭宁，向他提出了一大堆关于盈利模型的问题。接下来的周一，塔彭宁和艾伯哈德再次前往洛杉矶与马斯克见面，马斯克说："我决定加入你们。"

马斯克可以说是特斯拉最合适的投资人。艾伯哈德就曾表示，他再也不用为如何向投资人解释特斯拉深层次的东西而发愁，马斯克看得比他还长远、还透彻；他也不用担心马斯克中途会反悔，因为马斯克有着和他一样想让人类摆脱石油依赖的远大目标。

这就是弱关系带来的巨大机会。那么，为什么弱关系有时候比强关系更有效？

马克·格兰诺维特认为，根源在于，在获取新信息上，弱关系比强关系更有优势。

这是因为，在我们的强关系社交网中，都是我们比较熟悉的人，一般来说，就是跟我们差不多的人，收入、阶层、事业等都比较相近，因为圈子重合，所拥有的信息的重复度较高，局限性也较高，所以我们很难从强关系中获取到新的有用信息。

而在弱关系社交网中，人们之间很少交流，圈子也不大相同，因此弱关系带来的很多信息都是全新的，是自己圈子外的信息。这打破了强关系形成的信息壁垒，帮我们连接外面的世界，因此，弱关系显得更为重要。

那么，什么样的弱关系更有价值呢？

全球著名猎头费洛迪认为，最好的"弱关系"有两个重要的特征：

首先，弱关系联系人不应是与社会脱离的，而应该是与社会联系紧密且有职业规划的，只有这样，他们提供给你的信息才可能是与职业发展相关的。

其次，与弱关系联系人的“联系链条”应该非常短，也就是说，要么他们认识你，要么认识你的某位熟人。费洛迪认为，信息提供者与信息接收者之间，关系链最好不超过两层，因为一旦超过两层，信息就有可能发生歪曲、变形，准确度也会相应地降低。

一般来说，当人们遇到问题的时候，出于心理安全，首先会向关系亲密、熟悉信任的对象寻求意见，但这种舒适度高的关系很多时候也许并不能帮助我们解决问题。我们很难在熟悉舒适的关系中找到新的、不一样的观点和办法。这就好比马斯克一旦遇到有关火箭的问题，自然不能去找他的弟弟金博尔商讨，因为金博尔一直跟着马斯克创业，他的知识范围与马斯克是差不多的。

但是，弱关系就不同了。弱关系联系人开始并不与我们是同一个圈子，因此，也就能带来我们不了解的信息和知识。马斯克刚加入“火星学会”的时候，与负责人卓比林就是弱关系，但是卓比林却给马斯克带来了很多关于太空、火星的知识和信息，为他以后开启自己的火星旅途打开了“一扇窗”。

此外还需注意的是，我们结识弱关系联系人的最终目的，还是在于将弱关系变成强关系。这要求我们，永远不要忘记展示出自己有价值的一面，这样才能收获弱关系，并最终将弱关系变成我们自身关系网中的强关系，激活人脉关系中的马太效应。

第4章

马斯克的逻辑——删繁就简，追溯事物第一性

马斯克的逻辑，就是通过一件件事实的观察及一层层问题的拷问，寻找未来有可能达成的事情是什么，以确定未来的目标。“第一性原理”对马斯克来说，不仅是一种思维方式，还是一种行动方式。

马斯克为什么执着于移民火星？

因为他认为地球的资源总有枯竭的时候，为了人类文明的延续，人类应该重拾开疆拓土的雄心，向太空探索，让人类成为跨星球的物种。

那为什么选择火星？

因为在太阳系中，木星和土星离地球太远，水星离太阳太近，金星气压太高，月球太小还没有大气层，能满足条件的就剩下火星。如果能使火星的温度升高，火星上就可以产生厚实的大气层和液态的海洋，而且火星距离太阳不远不近，可以说是太阳系中最有可能实现移民的星球。

那去火星要先干什么？

造运输工具——火箭和飞船。

那火箭怎么造？

马斯克亮出了一个电子表格，他把火箭进行拆分，不仅计算出每个零件的成本，还将装配和发射所需要的资金都做了预算，结果发现费用加起来远低于从别人手里购买一架现成火箭的花费。于是，马斯克决定自己造火箭，SpaceX 就此诞生了。

这种不停追问，以及将事物拆解到最基本单元的方法，就是马斯克极为推崇的第一性原理。第一性原理最早是由古希腊哲学家亚里士多德提出的，他说："在每个系统的探索中都存在第一性原理，这是一个最基本的命题或假设，不能被省略或删除，也不能被违反。”

很多先贤大哲都对第一性原理推崇备至。法国哲学家笛卡儿还在此基础上提出了“笛卡儿怀疑论”，即“系统性地怀疑任何能够怀疑的事物，直至看见所剩下的事物都是不容置疑的纯粹真理”。内核还是第一性原理，通过不断拆解和追问找出事物的本源。

马斯克把“第一性原理”成功地应用到了商业领域，干成了之前没人认为能够干成的事情。

此前，想探索太空，都需要举国之力，而马斯克却让一家私人公司也能造火箭，还把人送入了太空；此前，行业默认火箭都是一次性使用的，马斯克却提出了重复利用火箭的假设，并打破了群体传统认知，实现了突破创新。

可以说，“第一性原理”对马斯克来说，不但是一种思维方式，还是一种行动方式。

那么，如何应用第一性原理的思维呢？

让大脑开始运行“起点思维”

马斯克曾经在接受采访时说：“我更倾向于从物理学的角度来看待世界。物理学教会我运用第一性原理思维去推理，而不是用类比的思维去推理。”

比如，在 2007 年马斯克发现一辆特斯拉的成本可能高达 20 万美元，而预期的市场售价却在 8.5 万美元。这犹如一道晴天霹雳，但当他冷静下来后，他开始运用第一性原理推导特斯拉研发和生产过程中的每一个环节。最终他发现，当时电池成本每千瓦时高达 600 美元，占据了总成本的 30%~40%，因此导致了整体成本居高不下。

找到了问题的关键点，马斯克仍然采用第一性原理思考，毕竟造价更高的火箭都能将成本拆解开来，何况是一块电池呢？于是，在马斯克的拆解下，电池变成碳、镍、铝和一些聚合物，他又计算了这些原材料的价格，最后，综合算来电池成本只需每千瓦时 80 美元，降低了好几十倍。

这就是马斯克的问题解决方法——发现问题的基本事实，找准起点，构建解决方案。

我们所看到的现象往往都是事物的“终点”，而引发这些现象的“起点”往往都被隐藏在现象之下。能做出成就的人，往往会对自己看不到的信息感到好奇，然后试图去了解事件产生的起点，将终点与起点联系起来，掌握事物的总体框架，进而找到解决问题的方法。

那么，如何让我们的大脑运行“起点思维”呢？

找准正确的起点

曾经有个销售员，坐了 4 个小时的飞机来到 SpaceX，想推销一些技术性基础设施。他是一名训练有素的销售员，只不过他采用的是长久以来销售员们根据人脉关系基本准则形成的老套流程，即拜访推销对象，然后闲聊片刻，分析对方的态度，最后开始谈生意。所以，马斯克问他为什么要见面时，他的回答是“为了拉关系”。显然，他站错了起点，马斯克回了他一句：“好吧，很高兴见到你”，然后就把他请出了办公室，前后不到 2 分钟。

所以说，培养起点思维的关键在于，找准正确的起点。

马斯克说：“很多时候，直接删除比不断优化更好。通常，优秀的工程师犯的最大的错误，就是对本不该存在的东西进行优化。”所以，马斯克坚持一定要用第一性原理去看待问题，他认为第一步就是让需求不要那么愚蠢，即找到正确的起点；然后删减不需要的部分，提炼出精华——马斯克还强调，如果你没能删减最少 10%，那么删减得肯定不够。

特斯拉今天的成功，就在于当初马斯克发现电池成本的问题时，找准了起点——他并没有去买现成的电池去改进，而是分析电池的组成部分，采用新的电池排列技术，然后通过实验不断验证和改进，最终让电池成本大幅下降。

由此，我们可以大概总结一下，找准正确的起点需要以下步骤：

第一，提前熟悉事物的背景知识，搜集需要了解的信息，只有充分了解才能深入分析。

第二，进行信息取舍，抓住关键的信息，尝试抽取起点关键词，再运用关键词来追溯起点与终点。

这一点，马斯克在儿时便已经熟练掌握了。十岁的马斯克想自制火箭和炸药，但当时南非没有深受业余爱好者喜欢的火箭套装，只能自制化合物。马斯克开始分析引爆的条件是什么，在不断的追问下，马斯克发现很多东西都可以用来引爆，比如“炸药的基本成分就是硝石、硫黄和木炭。将强酸和强碱混合，将产生极大的爆炸效果，如果再加上氯粒和制动液，产生的爆炸效果更加剧烈”。找到有关引爆的关键词后，马斯克开始设置不同的条件进行结果验证，后来他回忆说：“很幸运，我的 10 根手指头都还在。”

再比如，读一本很厚重的书，如何将书中几百页的内容全部记在大脑里呢？答案无他，就是抓住书中的起点关键词，围绕起点关键词进行重点阅读，找到需要记住的中心主旨，从而精准地记忆、有效地阅读。

第三，拓宽视角，观察易忽略的关键内容。

为了确保找到的起点关键词更加准确，需要拓宽观察的视角，尤其注意容易忽略的内容，从而保证能对起点关键词进行高度、准确的概括总结。

比如普通人看到电动车的电池成本高，可能就是在原有电池基础上进行改进，对其他电池相关的知识、背景一律略过，但是马斯克却从零开始，在对背景知识进行充分阅读后，重新思考电池究竟是什么东西，然后尝试各种各样的原料和组合，甚至去探索更加新型的材料，这样他才实现了飞跃性的突破。

这种方法在日常的工作和生活中都非常有效。比如，谈一个项目合作，你首先要尽可能地调查、搜集与项目相关的所有背景和知识，了解掌握“起点”内容，这样在谈合作时才能更加有底气、有把握。

第四，追溯起点，探寻本质。在背景知识中，有许多用单一因果关系无法解释的信息。如果要深度解析某一事件，并从中抽取重要的信息进行总结概括，我们就必须做到深入了解事件的背景，不仅要看整个事件，同时还需要进一步拓展思维，挖掘整体格局，识别信息重点。

就像马斯克一样，针对电动车成本高的问题，他首先了解可能导致这一问题的原因。然后探索，在这一问题中主要原因是什么，或者什么是要解决的重点，他发现，解决重点是电池成本过高，然后从这一关键点出发，进行观察、记忆、总结。

第五，将事物的终点与起点联系起来。

通过“寻找过程”，我们找到了“起点”。接下来，就是要将事件的终点与起点联系起来。联系终点与起点所观察到的信息，尝试将多项事物进行结合，从多个角度进行分析，就像解决电池成本问题的终点是低成本，起点是各种原材料，那从起点开始优化时，就要时不时与终点结合起来，也就是将原材料进行各种新的排列，从而实现电池成本最低，找出最优的解决方案。通常，起点是固定的，终点也是不变的，中间的过程可以随时调整和改进。将终点和起点联系起来，就是要不断提醒我们，不只是要找到解决方法，更重要的是要尝试从多角度、多维度去找到最好的解决办法。

“起点—终点”思维模式

我们读书的时候，也是集中了注意力，认真地、一字不落地读完了，可为什么很快就忘记了书里的内容呢？

是我们的大脑比别人的大脑愚钝吗，还是因为缺少记忆法、分析法之类的神兵利器呢？其实，根本原因在于我们没有建立起“起点—终点”思维模式，脑海里没有形成起点与终点的观念。

学习的起点是什么？就是我们已懂、已掌握的知识有多少，未知、需要掌握的知识有多少。终点呢？那就是所要达到的学习目标。二者的差距，就是学习的内容。已经懂的可以忽略掉，虽然不懂但不是自己需要的，也可以忽略掉。明确自己的起点与终点，专心把这段距离学好，就能事半功倍。

我们在读书时，如果没有了解作者的写作背景，不熟悉书中内容所处的文化背景、历史背景等，那么对书籍内容的理解可能就不会很准确，对作者隐含在文字背后的含义可能也无法完全体会，这也就造成了书读完之后，仍然是似懂非懂，迷迷糊糊。这种情况其实就是没有明确阅读这本书的起点，起点不明确，内容就不能完全理解，不能完全理解自然就不容易记住书中的内容。

对学习来说，其起点与终点不是固定、一成不变的，我们可以根据情况对其进行优化，以缩短起点与终点之间的距离。

比如，要写一篇论文，在确定选题后，列好大纲，把想到的内容绘制成思维导图。然后，寻找与自己选题相近的论文，对比分析，看看自己是否有欠缺的内容。我们大纲中已经罗列出来的内容，就是我们已知的知识，不用再费心去重新学习。而缺少的内容，则是需要重点学习的内容。这样查漏补缺之后，我们的起点进一步变得明确，我们可以有针对性地学习，这将大大减少学习的任务，加快学习速度。这样一来就等于起点被优化，起点与终点的距离被缩短了。明确起点，能让我们对现状有一个更加客观的认知，确认身处何方，从而为下一阶段的发展设定更合适的终点。

为了更快地到达终点，也需要对终点进行优化。比如，当终点比较宏大，与起点太远时，人会很容易产生畏难情绪，也会比较难找到合适的途径，这时，我们可以尝试将终点分割成多个阶段终点，将大目标切割成若干个小目标，然后寻找每个阶段的实现途径。比如制造火箭是一项庞大复杂的工程，所有人都不认为私人企业可以建造出火箭。但是，马斯克将火箭拆解开来：发动机、芯片、整流罩等，把大目标分解成小目标，然后一个一个实现，最后将所有组合在一起，火箭就造出来了。

再难的终点，只要选对路，终会到达。

2013 年之后，马斯克的名气日益壮大，特斯拉的股价也直线飙升，当时特斯拉的市值已经相当于通用汽车和福特汽车市值的一半。当马斯克宣布全新 ModelS 操控系统诞生，特斯拉已经实现智能避障和自动导航功能时，进一步奠定了特斯拉在汽车行业中不可替代的巨头地位。

特斯拉的优势就在于，它的起点非常干净利落，它没有其他传统汽车企业的历史遗留问题。比如每辆福特汽车里面都装有十几个不同厂家制造的电脑系统，这都是福特汽车多年来更新迭代而遗留下的问题，如果要对这些系统调试，去繁就简大革新的话，可能需要全产业停产整顿，而对福特这种大体量的汽车公司来说，停业整顿的影响是无法估计的，因此也就无法实行。但这些问题对起点为零的特斯拉来说是不存在的，而这种从零开始的机会也是福特之类的汽车公司求之不得的，因此，尽管他们非常担心特斯拉会超过他们，但也无可奈何。

万事万物，皆有始有终，因此，起点思维适用于各种情景，作为第一性原理的基础，起点思维也许不能保证所得的方案就是最好的，但能确定的是，在起点思维启发下的方案一定是有效的。

寻找本质和结合本质

马斯克说：“运用第一性原理而不是比较思维去思考问题，是非常重要的。我们在生活中总是倾向于比较，别人已经做过或者正在做的事情，我们也都去做，这样发展的结果只能产生细小的迭代发展。第一性原理的思想方式是用物理学的角度看待世界，也就是说一层层拨开事物表象，看到里面的本质，再从本质一层层往上走。”

如果我们也能学会马斯克这样的思维方式，学会运用第一性原理，凡事先从本质开始思考，就不会因为暂时的困难而对结果失去信心，也不会因为好高骛远而做出徒劳的努力，因为我们已经非常清楚自己的目标。

探寻本质，组合创新

从造电动汽车到造火箭，抓住本质是马斯克解决问题的密钥，通常他都能深刻思考，迅速抓住事物的本质。当然，马斯克不是只满足于看透事物的本质，而是在看透事物本质的基础上，发掘旧要素的新用法，然后与目标联系起来一起分析与思考，简单来说就是“旧要素，新组合”。因此，学习马斯克的这种本质思维，除了有助于寻找解决方案，还能提供给我们理解、思考、描述事物的好机会。

比如，他解决高昂的电池成本问题时，首先就是进行旧要素拆解，对电池的材料进行了拆分，发现组成电池的原材料本身价格很便宜，是原材料的组合方式让成本变得高昂。因此，只要将电池现有的原材料组合方式进行改进，电池成本也就能降下来。

马斯克开始分析其他电池的组合，发现松下 18650 钴酸锂电池的管理程序可以用来重组特斯拉电动汽车的电池。于是，他与松下公司达成了合作，而特斯拉的电池成本也终于实现了大幅下降，并达到了全行业的最低水平。

马斯克说:“科学的方法（探寻本质的方法），对于搞清真相真的很有效……它对于搞清楚棘手的事情很有帮助。但是大多数人不会使用它，他们更愿意根据别人正在做什么和没有做出什么的结果来形成结论。但这样的推论就会导致‘这是真的，因为我说的是真的’，而不是因为它客观上是真实的。”

熊彼特在《经济发展理论》中提出，从无到有并不是创新的特点，相反，大多数的创新是在对既有要素进行重新排列组合而形成的。就像马斯克对电池进行革新时，并没有改变电池原本的要素，只是对原要素进行了新的排列组合。再比如，我们将特斯拉拆解一下，只不过就是汽车制造技术、新能源电池技术、互联网计算机技术以及人工智能，这些要素每一个都是已经存在的，只是马斯克将它们重新组合优化，最终呈现出了一个颠覆性的产品。再比如，爱迪生在发明寿命更长的灯泡时，所有的元素，比如钨丝、玻璃、电都是既有存在的，爱迪生找到了它们，组合在一起就成了创新性产品。

所以，很多时候，创新不是必须从无到有，更多的时候是将有变成更好。

追问本质，破界创新

马斯克的目标是“到 2050 年，将 100 万人送往火星工作和生活”，这个宏大愿景最大的阻碍是什么呢？

火箭发射成本高昂。

火箭发射成本为什么高昂？

因为运载火箭只能使用一次。

如果运载火箭可以重复使用，成本是否就能降低了？

是的，但运载火箭只能使用一次是行业常识。

常识就一定是对的吗?

在大多数人的认知中，常识，就像是一条隐形的不成文的规定。但马斯克不是普通的大多数，所有在第一性原理下不能成立的常识，都是要被抛弃、被打破的。在第一性原理的追问下，马斯克发现，火箭只能使用一次的原因，居然是因为没有人想过要研发火箭回收的技术。

马斯克说:“只能使用一次的消耗性运载火箭，看起来就像是航空公司在每次完成飞行时丢掉他们的客机，而可重复使用的火箭则可以节省巨额成本。”

问题的本质找到了，接下来要做的就是打破常识，突破创新。

创新的过程是漫长、坎坷且痛苦的。从 2002 年 6 月 SpaceX 成立，到 2018 年 2 月可重复利用的“猎鹰”重型火箭的成功试飞，马斯克用了 16 年的时间去实现自己的目标。这枚“猎鹰”重型火箭的三个核心发动机在火箭升空后都能成功返回，并且在翻新后还能重新使用。如此一来，火箭成本大大降低，原来 NASA 发射一枚火箭要花费 16 亿美元，但马斯克的“猎鹰”重型火箭将单次成本一下降到了 9000 万美元。

克莱顿 · 克里斯坦森在《创新者的基因》中说道:“问题比答案更加重要，发问的能力比解决问题的能力更重要。”

问题是事物的表象，追问是抽取本质，破界则是从问题本质出发，打破原有系统的思维局限，从更大范围找寻更有价值的解决办法。

乔布斯说，他从来不做市场调研，因为他觉得自己比顾客更懂他们的需求。乔布斯之所以这么说，不是他对自己多么自信，而是他知道大多数人在行业过去的集体共识、常识假设等隐形教条影响下的心智模式有多么狭隘，认知盲区有多广泛。

因此，很多时候我们最大的束缚和瓶颈，来自根深蒂固的旧观念、旧思维，而不是对于新理念、新知识、新工具和新方法的无知。要想打破这种束缚和无知，就要如马斯克一样，追寻问题本质，敢于破界，且遇到困难仍能坚持，那样，从盲区中发现新机遇，并脱颖而出也就是一件自然而然的事了。

逻辑比事实更真实

每个人都有大脑，都会思考，这是人与人的共同点，但这也是人与人最大的不同点。同样的问题，有些人思维清晰，见解直达本质；有些人却逻辑混乱，想法流于表面；同样的事情，有些人目标明确，有条不紊；有些人却左右摇摆，稀里糊涂……“大数据之父”舍恩伯格在《框架思维》中说：“想要做事有逻辑，说话有条理，决策思考有根基，就要所想所做都有框架。”

在建造房子时，我们需要框架来提高建造效率。思考问题时，框架就是思维的模式工具，我们需要框架来提升思考效率。只有选择了正确的框架工具，我们才能透析事情的真相，从而获得对于事物的准确认知。舍恩伯格说：“但凡高手做事都有自己的思维框架，通过这些框架，他们能理智决策，清楚表达。”比如马斯克的第一性原理就是他的思维框架，是他做出正确决策和判断的基础。可以说，人与人之间的不同就在于思维框架的不同。

那么如何搭建自己的思维逻辑框架呢?

逻辑框架三要素

舍恩伯格在《框架思维》中提出，框架思维有三个底层要素，即因果律、反事实思维以及约束。通过这三个底层要素，就能帮助我们建立起逻辑框架。

1. 从思维抽象走向思维具体

舍恩伯格在书中说:“我们从因果关系的角度看世界，世界也因而变得可预测。”因果关系是一种抽象思维模板，是指从众多的事物中找出共同的、本质性的特征。思维具体则是总结归纳，将找到的共性延伸到其他地方。比如，我们被开水烫伤了手，因此意识到高温会灼伤皮肤，以此类推，归纳总结，凡是热的、烫的东西都不能碰。

找出因果关系，只是基础的抽象思维能力，而通过归纳总结，将抽象变为具体，才是更高层次的思维能力。一如“失败是成功之母”，思维抽象就是从众多失败中总结出规律，思维具体就是从这些规律中找到避免失败且能提高成功率的具体措施。而这个具体措施就是思维创新的体现了。

马斯克就是以此来不断总结火箭发射失败的原因，并一次次改进，不断修正优化自己的行动方案，才最终取得了成功。

很多人认为掌握信息就是掌握了一切，但事实是，在如今信息如此发达的时代，获得多少信息并不重要，重要的是信息处理能力，即通过思维抽象发掘事物的内在规律，而后用规律来指导和优化自己的行为。

2. 反事实思考拓宽思路

美国著名心理学家、诺贝尔经济学奖获得者丹尼尔·卡尼曼发现人类的大脑极爱脑补，喜欢针对已发生的事实进行相反的另一种可能性的假设。比如，上班迟到的时候，脑中会懊恼“如果早起5分钟就好了”；考试考砸了，会想“要是最后一道题仔细一点就及格了”等，丹尼尔·卡尼曼将这种现象称之为反事实思维。

反事实思维并不是只有“马后炮”的作用，它其实还是建构逻辑框架的关键要素。当我们做决策时，如果能很好地运用反事实思维，就能做出更好的应急方案。舍恩伯格说：“反事实思维是以目标为导向，透过现状做出各种预想，提前应对可能出现的新情况和新问题。”因此，可以说，反事实是一种风险预案，是对目标事实进行风险评估和可能性评估。

反事实思维能够让我们跳出现实条件之外，利用已知的信息，去想象缺失的信息，然后扩充更多的可能性，想象不同情况下事态的演变。如果马斯克不是想象火箭发射的另一种现实，那么很有可能“一次性”仍然是火箭发射的行规，人类去往火星的梦想可能更加遥远。

再比如，要建造一辆更快的火车，大多数人想到的稳妥方法，就是提升现有火车的能力，如改进动力和设计等。但马斯克并未从这个现实思考，而是从目标出发——更快的速度，然后做出预想——并非一定需要牵引力，也可以通过减少摩擦力和阻力，那么，当环境处于真空状态，阻力为零，再用线性感应电动机和空气压缩机提供动力，那么速度一定会非常之快，甚至可能会超过喷气式客机。这就是马斯克与众不同，且能做到卓越的秘诀：事实是什么并不重要，目标是什么才是最重要的。如果目标与事实不符，没关系，反过来就好。这也是舍恩伯格所说的反事实思维的特点，“是针对想象中的世界而非现实世界所展开的思考”。

作为建构框架的第二要素，反事实思维和抽象思维二者是相辅相成的：如果没有抽象思维，我们将被淹没在广漠的事件海洋中，找不到头绪；如果缺少了反事实思维，我们又可能被困于现实，看不到新的契机。

3. 框架需要约束

搭建逻辑框架，需要反事实思维来拓宽思维边界，但同时也需要约束。

约束是舍恩伯格提出的第三个要素，他说：“只有加上规则和限制等约束条件，才能有效释放创造力，沿着正确的方向前进。”

因为，放任只会导致混乱，约束才能给予自由。

马斯克曾经专门发过一次全体邮件，针对的是 SpaceX 使用自创缩写词的蔓延趋势。他认为：“对缩写词的过度使用严重阻碍了交流。对个人而言，零星出现的缩写词似乎并没有那么糟糕，但如果 1000 个人都在创造缩写词，结果就是随着时间推移，将不得不为每位新员工发放一份巨大的词汇表。实际上，没有人能够记住所有的缩写词，而且因为人们不想在会议中看上去像个笨蛋，他们会沉默地坐在那里，一无所知。

这对新员工来说尤其艰难。”

所以，他要求，随意写缩写词的做法必须立刻停止，除非得到他的批准，其他缩写词不能列入 SpaceX 的词汇表。如果现有的缩写词无法被证明是合理的，则应删除。

马斯克的这种做法看起来有些偏执霸道。但相对于无边界的放飞，约束也并非一刀切地限制，而是在边界规范下的自由，这样才能高效。正如马斯克对这件事情本质的强调，衡量缩写词利弊的关键，是看它是有助于交流，还是阻碍了交流。

建筑师弗兰克·盖里说，曾经有一位富有的赞助商请他建造一座住宅，但是，富商没有提任何的要求，这让弗兰克·盖里极为崩溃，因为毫无约束反而无从下手，他也因此说这是他接到过的最困难的任务。

这也正是舍恩伯格在书中说的，“我们需要恰当的约束条件，这样才能合理地发挥我们的想象力，并导出正确的选择。约束条件有助于我们做出更佳选择”。

要让约束能发挥最好的效用，关键在于坚持第一性原理，从本质出发。约束过多，会让视角过窄，不利于开拓创新；没约束，则会漫无目的，最终忽略了目标。

要想约束发挥正向的作用，需要我们将约束分为核心约束与辅助约束。核心约束是根据第一性原理追溯出的目标，是不能随便改变的。辅助约束，是实现目标需要的一些条件，这些条件可以根据实际情况进行调整，所以辅助约束是可以改变的。

因此，在实施约束时，要确保核心约束不变，然后因地制宜地选择辅助约束，当出现多个辅助约束时，也要确保各约束条件不会相互冲突矛盾。

舍恩伯格提出的三要素为我们建构自己的思维框架提供了方向和指导，我们要做的就是坚持基本原理，不断训练，不断根据自身条件进行演变，最终打造出自己的思维逻辑框架。

以逻辑优化框架

建构逻辑框架并不困难，只要我们能掌握其中的技巧。技巧通常可以通过刻意练习而获得，所以，更重要的是我们是否能认识到自我局限并愿意打破局限。我们只有首先在认知和眼界上做出改变，才能实现思维的提升，从而避免思维框架的落后僵化。

此外，普通人建构框架后，可能会长久地保持不变。但持续创新者会不断通过学习和验证来对思维框架进行调整和优化。虽然马斯克说第一性原理是思考的基本原理，但是他仍会在这个原理之上，按照“检验—修正—重新建立”的逻辑，修正，甚至重构认知框架，从而确保自己的认知持续先进且正确。

对于整个调整逻辑，马斯克给出了六个具体的步骤：

1. 提出一个问题。

2. 尽可能多地收集证据。

3. 根据证据制定“公理”，并尝试为每个“公理”设定一个可能性的概率值。

4. 依据实践中的有效性得出结论，以便确认：这些“公理”是否正确、是否相关，以及是否必然导致这个结论，有多大概率？

5. 试图推翻结论，寻求别人的反驳，进一步帮助你打破自己的结论。

6. 如果没有人可以证明你的结论无效，那么你可能是对的。

在马斯克看来，逻辑比事实更真实，因为我们处于动态变化的环境中，有时候我们看到的事实未必就是事物的真相，而逻辑可以拨开事物表象，分解出其最基本的组成，从源头找寻真相、解决问题。所以，我们要主动去拥抱变量，适应环境的变化，找到正确的逻辑点，然后顺着这个逻辑点一点一点进行分解，通过不停提问，逐步深入到问题的核心，建立起第一性原理的逻辑框架。

正因为有这种逻辑洞察力，马斯克才常自信地说：“只要有一个目标，哪怕我现在还不知道怎么做，但是我一定能够找到解决方法。”

大拆小，抓住问题的根

火箭很庞大，但马斯克把火箭拆成了一个个零件，并假设所有附加在物体上的信息都是不值钱的，把所有冗余都剔除掉，然后分别算出每个零件的成本，之后再算出火箭的成本，发现原材料其实没多少钱。虽然我们知道，现实中成本不是这么计算的，毕竟一台汽车的零件价格和一台完整的车的价格是完全不一样的，但是，这个清单是一个底座，只要抓住这个清单的成本一层一层往上推，把所有不必要的都切掉，把必要的再加上，最终出来的价格一定会比初始清单的价格要贵，但是也一定比直接从外部购买成品要便宜得多。

所以，将大火箭变成小零件，大问题变成小目标，在这样的拆解之下，一个颠覆性的产品就出现了。

笛卡儿四原则

法国哲学家笛卡儿对亚里士多德提出的“第一性原理”非常推崇，也提出了“普遍怀疑”理论，认为一切存在皆可怀疑，目的就是要找到确定无疑的真理。在此理论的基础上，笛卡儿提出了四条具体的“方法论”原则：

“第一条，决不把任何我没有明确认清其为真的东西当作真的加以接受，也就是说小心避免仓促的判断和偏见，只把那些十分清楚明白的事物呈现在我的心智之前，把我根本无法怀疑的东西放进我的判断之中。即‘直观’。”

这一条是告诫我们，主观认知会导致偏见，只有谨慎避开偏见，保持客观，才能做出正确的判断。马斯克说：“我只相信物理学。物理学其实就是关于世界的运转。”因此，虽然所有人都认同“当时市场上对电池成本的普遍共识”，但是马斯克认为不能随波逐流，而应该对此怀疑，保持批判。

“第二条，把我所考察的每一个难题，都尽可能地分成细小的部分，直到可以而且适于加以圆满地解决的程度为止。即‘分析’。”

这一条是告诉我们，所有的难题都可以拆分成简单细小的部分，然后逐一解决，直至解决掉全部难题。“猎鹰”火箭、特斯拉这样无人敢碰的难题，都是被马斯克这样拆成一个部分一个部分，慢慢解决掉的。

“第三条，按照次序引导我的思想，以便从最简单、最容易认识的对象开始，一点一点逐步上升到对复杂的对象的认识。即使是那些彼此之间并没有自然的先后次序的对象，我也给它们设定一个次序。即‘综合’。”

这一条是教导我们，要将所有的事物都按照一定的顺序进行排列，然后从易到难，层层推进，探寻它的本质。即使这个事物看起来没有规律顺序，我们也应该尽可能地设置一个顺序。

马斯克就将第一性原理分解为五步：“第一步，让需求不那么愚蠢；第二步，删减不需要的部分，如果你没能删减最少 10%，那么删减得肯定不够；第三步，提炼后的优化和迭代；第四步，提升生产效率；第五步，让它们自动化运转。”马斯克强调，一定要按照这个顺序，虽然他有时也会搞乱，但一旦搞乱就会出问题，因此他会不断提醒自己一定要按照这个顺序。

“第四条，把一切情形尽量完全地列举出来，尽量普遍地加以审视，使我确信毫无遗漏。即‘列举和归纳’。”

这一条列举和归纳是对第二、三条的分析和综合的检验和复盘，以确保最后得出的结论是正确且明晰的。马斯克参考第一性原理提出了执行的顺序，他也会通过列举和归纳不断去调试这个顺序，用他的话说就是“我需要去递归”。

笛卡儿的四条原则，简单总结起来就是：首先，质疑一切，将一切推倒，从起点开始；其次，将不容易完成的大困难拆成容易实现的小问题；然后，将这些小问题逐一排序，由浅入深，按序解决。最后，检验复盘，防止疏漏。这四条原则否认了归纳法，摒弃了经验主义，开创了现代理性主义，因此，也可以说是第一性原理的“方法论”。

运用分解思维拆分“复杂问题”

笛卡儿说：“如果我们能把一个个难题分解成为千千万万个微小的单纯的部分，使其单纯化，然后再着手解决那一个个微小的部分，则难题也就不成为难题了。”

我们要如何分解复杂问题呢？

其实可以运用笛卡儿四原则的最后一条：列举和归纳。

第一种，列举。

列举，不是随便的列举，而是利用一个我们上学时都会用到的方法——列公式，来将问题一步步进行拆解。

美国物理学家恩利克·费米非常擅长将复杂的难题简单化，令其变得容易解决，他最显著的特点就是通过事物现存的形式来判断事物之间的数量关系。简单说来就是将问题列举成公式，然后进行估算。这些用做估算和验证的问题，也被称为费米问题。

费米就曾问了学生一个问题：芝加哥有多少个钢琴调音师？

看起来是不是一个非常庞大且没有头绪的问题？

但费米列了个公式就轻松搞定了：

钢琴调音师数量 = 全部钢琴调音师全年的总工作时间 ÷ 每位调音

师全年的工作时间

这是一个总公式，总公式的各个元素又可以再拆解成子公式：

全部钢琴调音师全年的总工作时间 = 全市钢琴总数 ×1 架钢琴每年需要调音次数 × 每次调音所需时间

每位调音师全年的工作时间 = 每年工作天数 × 每天所调钢琴架数 × 每次调音所需时间

如此，一个庞大的问题就变成一个个小的且容易解决的子问题。通过列举公式，厘清了各子问题的逻辑关系，然后进行聚焦、排序，问题也就迎刃而解了。这种方法在实际工作和生活中都非常实用。

还有一个用公式提升广告收入的故事，也是将复杂问题公式化的典型案例。

麦肯锡的一个员工跳槽到谷歌的广告部门，任务是提升该部门的广告业务的收入。

这个人在对业务流程了解后得知，谷歌的广告是用户点一次，收一次钱。于是，他列了一个公式：

广告收入 = 曝光量 × 点击率 × 每次点击的价格

这样一来，如何提高广告业务收入就有了三个具体可行的办法：第一，提高广告的曝光量，让更多的用户看到；第二，提高点击率，增加广告的吸引性，让更多的用户点击；第三，提高单次点击价格，跟广告商谈判，增加单价。三个方法清晰且有效，任何一个得以有效实施，总体广告收入都会增加。

公式，本身就是一种严谨的逻辑推理。当我们将这种逻辑推理运用到问题的思考中时，就会更加轻松地找出逻辑框架和解决方法。

第二种，归纳。

当然，也不是所有的问题都可以用公式拆分。我们还可用归纳法，运用思维导图的工具，将问题进行拆分——将各部分的主要逻辑和问题归纳总结，然后以思维导图形式，展示各部分之间的联系，使思维更加具体化和形象化。

比如，要设计一款学习类 APP，通常情况下，一款 APP 会包含多个功能，功能如何划分，如何设置等问题，看起来庞杂繁复，这时我们就可以用思维导图来分析简化。

思维导图的中心是 APP，然后分支出几大主功能，主功能再细分子功能，如此就将一款 APP 拆解成一个个小功能，而且各功能之间的主次关系也都一目了然，方便后期的调整优化。

思维导图在学习领域的运用更为广泛。大到一个课题的研究、一本书的阅读，小到一篇短文的结构、一节课堂的梳理等，都可以运用思维导图进行维度梳理。

很多时候，当人们认为一个问题“不可能解决”的时候，人的思维就会停止，畏难情绪也会让人想到放弃，继而不再继续尝试。但是，如果我们根据这个方法论，突破惯性成见，将问题拆分，分成小块，对每个小问题进行追问，搜集“怎么做”的方法，那么，我们原本停滞的大脑便会继续运转，而大问题也会在对这些小问题的探索中迎刃而解。

结构细分，流程管理

马斯克为了制造火箭，将庞大复杂的火箭解构成每个零件，然后准备将这些零件外包给其他航天承包商们。但是，这些航天承包商们不仅工作进度很慢，而且报价很高，这就导致了火箭的成本也居高不下。于是，马斯克想，不如自己动手制造这些零件。然后，他开始分析“阿波罗”飞船、X-34/Faxtrac 型火箭，以及他能找到的其他运载火箭项目。总结他们的经验后，SpaceX 开始独立实施“猎鹰”火箭的全部开发工作，包括发动机、涡轮泵、低温贮箱结构和制导系统。

SpaceX 的工程师们知道自己制造火箭零件有多么不容易。在 SpaceX 的官网上，他们是这样宣布的：“内部开发工作加大了研究难度，所需的资金也增多了，但为了降低进入太空的成本，我们别无选择。”

但事实证明，自己制造零件虽然前期的投入会比较大，但是一旦形成了流程管理，可以批量生产后，成本就会大幅度地降低。同样地，特斯拉也受益于流程管理。早期的 ModelS 的组装和做工都很不理想，连雨刷器隔几天就会出故障，甚至人们对特斯拉能否按时交付 1000 辆 ModelS 都持怀疑态度。如今，特斯拉有着炫酷的生产流水线，里面有着和“钢铁侠”托尼・史塔克一样的机械臂，很多流程都由机械臂来操作，只需要 48 个小时，就能完成一辆做工精良的特斯拉轿车。

将复杂的结构细分成小部分，然后再将各个部分进行规范化，从而提高效率。这是 1913 年亨利・福特发现的高效生产方法。

威廉·克莱恩是福特的工程师，他在参观芝加哥的屠宰场时，看到屠宰场将屠宰过程分成了好几个部分的流水线作业，便想着汽车组装也可以用这种方式。他把想法汇报给了福特，福特很赞同，还做了改良，把一辆汽车所有的工序分成了 7882 个，每个工人在流水线上只负责自己那一环节的装配工作。这样，原本装配一辆汽车需要 12 个小时，如今只需要 90 分钟。而且，随着技术的不断革新，到了 1927 年，流水线每 24 秒就能组装一部汽车。

流程的精细，效能的提高，是企业能力跃进的最强推动力，不仅是在制造业，在其他行业也是如此。

麦当劳兄弟的餐厅之所以能在当时脱颖而出，关键在于他们将食物制作和售餐服务进行细分，然后设置每一步的操作标准。比如，汉堡的每块肉饼的重量、煎制时间、面包大小等都有严格的细分，以确保不管是谁来操作，最后出品的汉堡都能保持一致的味道。这种流程化的运作，让这家小餐厅效益颇丰。它此后变成全球快餐巨无霸也得益于流程化。麦当劳将餐厅运营细分成一个个步骤，然后再设置标准，比如店铺选择、装修设置、人员管理等，都有一套标准的操作流程，新店只需要根据这个流程进行学习和运用，就能更快地进入运营轨道，同时这也保证了麦当劳品牌的一致性，从而为全球化推进提供了强大动力。

结构细分，流程管理，不仅是企业运行高效的得力工具，也是个人达成更高目标的方法论。

美国伯利恒钢铁公司曾是一家小钢铁公司，总裁查尔斯向效率专家请教，如何才能更好地实现公司目标。

专家递过来一张空白的纸，让他写下六件第二天要做的最重要的事情，并要求他给这六件事标注重要性次序，明天早晨开始严格按照这个次序，一件一件地完成。最后还信誓旦旦地告诉查尔斯，六件事做不完也没关系，因为最起码一直在做的都是最重要的事，这张纸至少能将公司业绩提高 50%。

查尔斯将信将疑，但第二天仍然按照专家说的去做，结果第一天他就发现自己处理事情的效率高多了。然后他将这个办法在全公司推行，让所有的人都按照这个方式来安排自己的工作。

5 年后，公司的业绩不止提高了 50%，伯利恒钢铁还成了当时全世界最大的独立钢铁厂。

这就是结构细分、流程管理的威力。通过细分，找出关键点，让复杂问题变得简单化、便捷化，从而让目标更容易完成；通过流程，提高效率，让操作方案更加明晰、有重点，从而让成功变得可以复制和延续。

不是系统之内，而是系统之外

马斯克最喜欢别人称呼他为“工程师”。工程师有很多细分，但马斯克这个工程师却横跨多个领域，而且都是高科技尖端领域，他是如何做到游刃有余的?

答案是不局限在系统之内，而是在系统之外来看待问题。

不做专家，而是做问题的解决者

在人们惯有的认知里，想在某一个领域有所成就，那就要成为这个领域的专家。

那如何成为专家呢?

马尔科姆·格拉德威尔在《异类》一书中指出:“人们眼中的天才之所以卓越非凡，并非天资超人一等，而是付出了持续不断的努力。10000 小时的锤炼是任何人从平凡变成世界级大师的必要条件。”这就是大名鼎鼎的“10000 小时定律”。

按照现在的工作时间设定，每周 5 天，每天 8 个小时，那么 10000 小时换算下来至少是 5 年。所以说，要想成为某个领域的专家，至少需要 5 年的学习，不仅要学习足够多的专业知识，还要涉猎其他方面的知识，并能做到融会贯通。

但在现在这个快速迭代的时代，所有的知识和事物都在飞速跃进，很多机遇和机会转瞬即逝。没有足够的时间成为专家，该怎么办呢？

像马斯克一样学习，不追求做专家，而是做问题的解决者。不是以成为专家为导向，而是以解决问题为导向。因为目标通常不会只局限于某个单一领域，我们不可能将目标所涉及的所有领域的知识全部学会，所以我们需要将目标问题进行分解，然后根据每个小问题寻找相关的知识，有针对性地学习。这就是跳出目标这个系统，站在系统之外看问题，从小地方出发解决大问题。

在传统的航天公司，通常的做法是，列出发射系统所需的零件清单后，把设计和规格交给第三方承包商。这样外包的做法确实很轻松，但是马斯克认为，这种依赖供应商的做法也有弊端，一方面部件迭代更新的时间会变长，另一方面成本也会变高。因此，马斯克决定 SpaceX 自己制造零部件，除了制造发动机、火箭箭体和飞船舱体，还自主设计主板、电路、探测震动的传感器、飞行计算机和太阳能板。自主设计和制造，不仅能让工程师们快速地进行创新和迭代，而且能节省一大笔钱。比如，SpaceX 的工程师发现，仅需要优化一个无线电装置，就可以将设备的重量减少 20%。而且，其他公司通过外包公司优化这个无线电装置，需要花费 5 万 ~10 万美元，而 SpaceX 自己生产这个无线电设备只需要 5000 美元，二者的差距真是天壤之别。

这就是马斯克，不是从一个大的火箭发射系统出发，而是跳出来，站在系统之外，以更为客观和全面的眼光，将大系统分成小部分，将大个体分成小零件，然后逐一解决。如果就从火箭和发射系统出发，那么所需要的知识将是庞杂而繁复的，但若只是主板、传感器等相关的知识，范围就要小很多且更加聚焦，学习的效率也会更高。

而且，如果你以问题为导向，不断学习，不断解决一个又一个问题，这种长期的高效学习积累，也会让你成为专家，而且这个过程比你专门去学或许用时更短，效果更好。马斯克从来不说自己想成为专家，但最后，他就是所在领域的权威专家。

定义问题：不要只看表面问题

解决问题的第一步是，要明白这个问题的定义，即这个问题问的是什么，它真正的意图是什么？这是解决问题的第一步，也是最基础、最重要的一步。就像考试时，不管你答题步骤多么完整，书写多么工整，论证多么清晰，若一开始就领会错了题意，最后也是零分。

火箭成本高昂，一直是马斯克最为头疼的问题。对传统的航天公司来说，这也许是无法解决的问题，毕竟专业的航天设备都非常昂贵，如果要降低成本就只能从供应商下刀。比如，联合发射联盟（ULA）就号称自己有 1200 多个供应商来为它制造最终产品，ULA 想要降低成本就得从筛选供应商开始。

但马斯克认为，要跳出既往的供应商系统看问题，究其根本，火箭成本高昂的根本原因不是供应商报价高，而是零部件的成本高，所以，为什么不越过供应商，自己造零部件呢?

定义清楚问题的本质后，马斯克确定了 SpaceX 在火箭竞赛中的主要武器——内部制造。这是一个颠覆行业、让竞争对手瞠目结舌的策略。在马斯克的主导下，SpaceX 可以自己完成 80%~90% 的制造工作，而且马斯克没有像行业里其他公司一样采用“宇航级”的设备，他发现普通的电子设备也毫不逊色，所以，SpaceX 使用的设备大多是现成的消费电子产品。

事实证明，马斯克的这一策略成效巨大，为 SpaceX 在几十甚至上百个项目中节省了大量成本。竞争对手 ULA 和 Arianespace 的重型火箭德尔塔 IV 型，单次发射成本超过 4 亿美元，而 Space X“猎鹰”重型火箭的最大载荷版，单次发射成本仅 1.5 亿美元，如果回收一级火箭，成本可降为 9000 万美元。这样的价格落差，让竞争对手们一度拒绝相信。

《麦肯锡结构化战略思维》一书中讲了一个“敲钉子的故事”，能帮助我们更好地理解“定义问题”的重要性。

一家公司想把“将一根钉子敲入木板中”的任务外包出去。D 公司和 M 公司都来投标。

D公司的代表直奔主题："我们公司就是为这类项目而生的。"然后从敲钉子的技术、锤子的质量、人员的手臂力度、过往的案例以及价格折扣等方面，展示了自己的优势，客户听得很是满意。

M公司的代表开口却是问客户问题——

"为什么要敲这个钉子？"

"要把板子A和板子B连接起来。"

"为什么要连接起来？"

"要做一把椅子。"

"为什么要做一把椅子？"

"要用椅子在新建的会议室里接待客人。"

至此，M公司的代表通过三次提问，了解到了客户的真正需求——不是简单的敲钉子，而是要解决"在会议室待客用什么服务硬件"的问题。

找到了真正的问题，接下来就是围绕这个问题给出解决方案。方案的重点也不再是"如何敲好一根钉子"，而是"如何让客人在会议室感觉更舒适"。

不要只看问题的表面，而是要从全局的高度去分析问题的本质。如果站在系统之中，我们就只能从问题的字面意思出发，考虑的是该如何去解决；但如果站在系统之外，我们就会更加关注问题的本质逻辑，这时考虑的就是要解决什么，如此，我们才能更快、更好地达到目标。

找出问题，划分问题，抓住核心

找出正确的问题之后，就要开始划分问题，然后抓住问题的核心。就像剥洋葱一样，从第一性原理出发，不停追问，一层层剥开，然后直达内核。

比如，如何造火箭？

通过第一性原理，这个问题被划成三大层面：人力、资源、流程。

三个大层面又可细分成各个小层："人力"可以划分为人才招聘、人才培训、人才激励等；"资源"可以划分为市场资源、资金资源等；"流程"可以分为研发流程、组装流程以及发射流程等。通过一层层追问，火箭制造的关键因素和步骤就被分解出来。

通过问题划分，能更快抓住问题的核心，有助于更好地做出判断和决策。

比如，毕业后找工作，是进知名大厂好，还是去创业公司好？

若想更好地做出判断，我们需要先把问题划分为两大部分：知名大厂、创业公司，然后对这两个部分逐一拆解分析。

首先，分析知名大厂的优点和缺点。知名大厂的优点很明显：成熟的制度体系、完善的工作流程、较高的薪资待遇、较好的工作环境等。而当我们对这些优点进行进一步划分时就会发现，优点可能也是缺点。比如，成熟的制度体系和完善的工作流程，会帮助你更快更好地适应工作岗位，但同时它设置的条条框框也会禁锢你的思想，消磨你的激情；

较高的薪资、较好的环境也会更容易让你陷入舒适区，而沉迷舒适区是一个非常不好的信号，因为我们都知道，没有永久的舒适区，陷得越深，等舒适区破灭的时候，遭受的打击越大，有时甚至是毁灭性的打击。

其次，分析创业公司的优点和缺点。我们先来看创业公司的缺点，对比大厂，创业公司的缺点也很明显：人员少、体量小、环境差、薪资少。我们再将这些缺点进行分析：体量小，说明公司的架构简单，言论环境宽松，上下级体制不分化，个人发展的空间更大；人员少，创业公司通常是把一个人当两个人甚至是当好几个人用，可以最大化地发挥人才的能力，同时也将激发个人潜能，对个人成长来说是非常有帮助的，而且人员少，人际关系简单，人与人之间更容易形成信任的亲密关系。至于环境和薪资，我们有必要进行进一步的追问：这是人生的第一份工作，这份工作真正的价值是什么，是挣钱，还是挣成长呢？

当然，二者兼得最好。

可人生往往是“鱼和熊掌不可兼得”，那如何取舍呢？

要找到答案，就接着往下分。

挣钱，选高薪资，短期就见收益，能带来多少财富，是可以估算出来的。

挣成长，个人成长是长期投资，近期可能看不出收获，但可以确定的是，长期的收益一定是巨大的，甚至是超出自己预期的。

问题划分至此，我们也就确定了问题的核心：毕业后找工作，选择的重点不应该是薪资和环境，而应多关注成长空间，以及这份工作对个人能力的综合提高有多大的推动力。

提出假设和验证假设

马斯克已经分析出，阻碍火星探索的第一个障碍是火箭成本太高，接着他找出了问题的根源——火箭只用一次，于是，他提出了一个假设——让火箭重复利用，然后开始付诸行动，验证假设。

所有的创新、创意都是从假设开始的，所以验证假设的过程，就是从结果推导条件。在这里，结果是唯一的，但条件是多个的，且只有这些条件同时具备，结果才能实现。比如，结果是“火箭重复使用”，那么精确返回飞行与安全着陆控制技术、可重复使用发动机技术、着陆缓冲技术、返场快速检测与维护技术这四个技术条件缺一不可。

在《宋史・包拯传》中，记载了一个“包公审牛舌案”。

包公在天长县做知县的时候，一位农人前来告状，说家里的耕牛被人割了舌头。

包公详细询问后，认定应是农人的仇人做的，便对农人说：“牛没了舌头也活不了了，你回去把牛宰杀了，去远一些的集市卖掉，挽回一点损失。但一定要悄悄的，不能让别人知道。这样，我才能抓到割牛舌的人。”

农人将信将疑，但仍然照做了。不久，就有人前来报案，举报农人私自宰杀耕牛，卖肉赚钱。包公当即差人将来人拿下，厉声质问道：“你偷割牛舌，栽赃陷害，还不如实招来！”

此人大吃一惊，自认为自己割牛舌之事神不知鬼不觉，不知包公是如何得知的，心惧之余，只得低头认罪，并承认了他与农人有私仇。

包公是如何断定凶手是农人的仇人呢？他运用的方法就是提出假设，而后验证假设。

假设：凶手与农人有仇。

验证假设：首先，当时的律法规定，私自宰杀耕牛，要处以“脊杖十七”的刑罚。凶手既然只是割掉了牛舌，并未直接杀死耕牛，说明他想让农人自己把牛杀掉，让农人背上宰杀耕牛的罪名。其次，包公让农人回去悄悄把牛杀了卖掉，这件事是很隐秘的，但此人却知道，并第一时间来举报，说明他事先知道农人家的耕牛出了事。

如此，条件成立，假设成立。

通过假设的结果，反向去推导条件，然后再以条件进一步验证结果，这样的验证过程是高度聚焦的，也就能更快地找寻出达成结果的办法。

由归纳创新到演绎创新

在我们常用的逻辑方法中，演绎法和归纳法是最为常用的两种。这两种逻辑方法有什么不同呢?

《麦肯锡结构化战略思维》一书中，用了一个乌鸦的例子来解释归纳法和演绎法，书中写道：

“我们看到的第一只乌鸦是黑色的，看到的第二只乌鸦是黑色的，看到的第 N 只也是黑色的。后来发现，没见过其他颜色的乌鸦。因此，我们总结：乌鸦都是黑色的。这是归纳法。

“古人云：‘天下乌鸦一般黑。’学会了这条规则之后，听到有人说路上见到一只乌鸦，你不用去看也可以推断这只乌鸦是黑色的。这是演绎法。”

通过示例，我们可以看出，归纳法依托的是经验认知，不能称之为严谨的科学逻辑。演绎法是在逻辑思考下，从公理中推导判断。

马斯克说：“我相信有一种很好的思考架构，就是第一性原理，我们能够真正地去思考一些基础的真理，并且需要去论证，而不是类推。我们绝大多数时候都是类推地思考问题，也就是模仿别人做的事情并加以微幅更改。但当你想要做一些新的东西时，必须要运用第一性原理来思考。”

马斯克所说的类推，就是归纳创新。而他推崇的第一性原理，就是演绎创新。

通俗来说，马斯克这句话的意思是——

如果你想颠覆，就要打破常规，不要用归纳法思考问题，不要去管惯例是怎么样。一如鲁迅先生说的："向来如此，便对么？"

第一性原理的思考方式，就是要用演绎法，或者叫推理法，从底层寻找事物的逻辑，用逻辑去实现魔法，而不是用魔法打败魔法。

打破归纳思维的习惯

在不容易发生歧义的领域，归纳法是有用的，比如认知乌鸦这一领域。但在复杂多变的领域时，归纳法的经验就会经不起验证。

比如，根据归纳法的经验，在自动化高速发展的时代，生产线上的机械手一定比人手更加精准。

但马斯克说："我们犯的最大错误之一，就是试图让一个人就能做到的、超级容易的事情变得自动化，而机器人在做这件事时却超级难。当你看到它的时候，它看上去超级笨。你会想，哇！我们为什么要这么做？”

马斯克这么说，是因为在特斯拉的组装生产线上，原本是机械手负责安装 Model3 的座椅，但拧螺栓这个动作对机械手来说过于精细，不仅所有机械手动作缓慢，而且速度参差不齐，严重影响了后续流程。在惯常思维中，人们的解决思路是改进机械手。但马斯克没有这么做，他将这些精细动作交给了人工，毕竟再先进的机械手，都不会比人手灵活。

认知科学大师侯世达认为，第一性原理的思维方式不是人脑的既定运行模式，我们的大脑理解世界时是依照着类比的模式，以归纳的逻辑运行的。

比如我们在判断一家企业时，看到它近 3 年来的现金流量净额是增长的，那么在归纳法下，说明这家企业有较强的自我造血能力，发展趋势较好。但是，企业的现金流量由三部分组成：经营活动现金流、投资活动现金流以及筹资活动现金流。在这三部分中，只有经营活动现金流的状况才能代表企业的造血能力，若只是笼统地根据经验只看一个总数，而不去分析背后各个要素的现状，那所得出的判断就是错误的，逻辑也是经不起推敲的。

当代最有影响力的哲学家之一卡尔·波普也说过：“归纳法既不能给人们未来的必然性知识，也不能给人们未来的或然性知识。”所以，我们要培养第一性原理的思维习惯，需打破归纳法的局限，激发头脑的联想和推理，如此才能构建出更为准确的认知系统。

演绎创新的突破

虽然归纳法和演绎法的思维结果很多时候会殊途同归，但是，思维的过程和切入点有着显著的差别。归纳法的着眼点是经验、规律；演绎法的着眼点则是事实、法则。

对大多数人来说，我们总是更习惯于用“前车之鉴”，即总结规律以解决问题，这是典型的归纳法思维。但是，演绎法却能提出更加有效的方法。

比如，小明成绩很好，每天都做很多题；小林成绩也很好，每天也做很多题。于是，根据二人的现象可以得出结论：多做题能提高成绩，于是所有的家长都开始给自家孩子买习题册。

这是我们生活中很常见的一种现象，不是家长们没有学识，而是人类都更倾向于使用归纳法。

如果用演绎法，又会如何思考这个问题呢？

成绩是什么？是检测学生学习成效的一种手段。

由此，我们可以将成绩分为三个阶段：

阶段一　开始学习新内容；

阶段二　巩固已学过的内容；

阶段三　检测学习成效。

我们再对各阶段进行细分。阶段一可以拆分为自主预习、老师教授、练习作业；阶段二可以拆分为自主复习、习题练习等环节。

通过拆分可以看出，想要提高阶段一和阶段二的学习成效，可以通过增加习题练习达到目的。注意，这个时候演绎法思维的结论与归纳法思维的结论再次殊途同归。

但是，再换个角度，我们还能发现，阶段一和阶段二里面有两个很重要的变量，即自主预习和自主复习。此时，演绎法与归纳法的区别就出现了，其实自主学习能力才是成绩的关键。

总结来说，归纳法思维只能对已发生的事实进行规律总结，而常常忽略事物内部的本质因素；而演绎法思维则是直达事物内部，从本质上寻求解决方法。

反直觉的真相

在马斯克看来，人的直觉认知只限于我们眼睛可见的范围，但肉眼的可见范围又非常有限，尤其是构成世界真相的“微观世界”——原子、量子、粒子等，这些我们看不到但仍然存在的物质，决定着我们的世界。

所以，马斯克才说：“如果用类推，你无法知道什么是真正正确的，什么是真正可能的。类推看上去很诱人，很有说服力，但只是个故事而已。”

马斯克一再强调，第一性原理对于了解新事物极其重要，它是追寻事物本质，找寻真相的最有效的工具和方法论。他说：“运用第一性原理而不是比较思维思考问题，是非常重要的。我们在生活中总是倾向于比较，别人已经做过或者正在做的事情，我们也都去做，这样发展的结果只能产生细小的迭代发展。”

我们要刻意训练自己“透过现象看本质”的能力，因为生活的表象都太具有迷惑性了，如果不去刻意地锻炼自己的思维能力，就是跟着直觉走，那么所得的结果就是错误的，与真相越走越远。

电影《教父》中有一句经典台词：“花 1 秒钟就能看透事物本质的人，和花半辈子都看不清事物本质的人，注定是截然不同的命运。”

想要看透事物本质，关键就在于，跳出直觉影响，用第一性原理去分析和判断问题。

那么问题来了，培养第一性原理思维模式有捷径吗？

第5章

马斯克的认知——拒绝零和心态，坚持跨领域学习

2021年12月19日，马斯克在推特上发了一条博文，包含有50张配有文字的图片，并说“(这50种认知偏见)应该在人年轻的时候就教给他”，引起哗然。传统观点认为，要成为顶级人才应该专注于某领域，但马斯克却唱了反调。

培养第一性原理思维模式的捷径就是——跨领域学习！

马斯克说："我觉得应该尽可能广泛涉猎各个科目。很多创新发明都是跨学科的成果。我们的知识储备越来越庞大，所以必须能够融会贯通。有人精通一个领域，而不了解其他领域，如果你能把不同领域的知识结合在一起，就有机会创造出超常成果，这里有大把的创新机会。所以我鼓励大家尽可能广泛地学习各个科目。对于工科学生，我建议去学一点经济学，学点文学，或者其他领域。我建议，在有兴趣的前提下，大家可以学习各个领域的基础知识，然后思考一下如何将不同领域的知识融会贯通。这样很容易产生奇思妙想。"

如他自己所说，马斯克的奇思妙想就构建于他丰富的知识之上，而各领域之间的拓展，又让他那些天马行空的想象得以实现。将梦想照进现实，这是他最为人敬佩的地方。

逃出聚焦体系的魔咒

几年前，非常流行“专注一个领域，精微才能制胜”的“匠人精神”，比如日本的“寿司之神”一生只做一件事。

但随着时代的变化发展，“匠人精神”有了新的要求，只在某一个领域成为专家专才已经远远不够，多元化飞速发展的时代，行业之间的边界、学科之间的边界不断被打破、重构，这时候需要的是能精通多个领域的人才。

马斯克成为如此杰出的人，获得如此伟大的成就的重点正是：他是一个跨领域学习的专家型通才。

专家型通才

专家型通才，是贝恩咨询的 CEO 奥里特·加迪耶什提出的，她是这样解释的：“一个专家型通才是一个有能力和好奇心，在不同的学科、行业和国家搜集和掌握各种不同专业知识和技能的人才，他们能够在多个领域都有一定研究，并且有可以跨领域连点成线的能力。”

由此我们可以看出专家型通才具备两大特点：

第一，不仅掌握多学科知识，并且能在多个领域精通且有所成就。

马斯克就是专家型通才的典型代表。从互联网计算机技术，到工程科学、物理学、人工智能、新能源等，马斯克的知识几乎涵盖了目前几大尖端领域。而且，他在这些领域都取得了非常瞩目的成就——SpaceX、特斯拉、脑机接口、胶囊高铁等，都是开创新时代的产品。

不仅是马斯克，比尔·盖茨、史蒂夫·乔布斯、沃伦·巴菲特、查理·芒格、拉里·佩奇……都是专家型通才。

比尔·盖茨曾这样评价查理·芒格：“他的确是我所认识的最博学的思想家，从商业原理到经济学原理，从学生宿舍的设计到双体船的设计，真的是无人能敌。我们最长的一次通信是关于裸鼹鼠的交配习惯和人类能够从中得到怎样的启示。”

第二，跨领域结合，多学科综合。

《礼记·儒行》有言：“儒有博学而不穷，笃行而不倦。”学无止境、孜孜不倦是成为专家型通才的第一步。有了知识还要笃行不倦，要用于实践。通过实践和运用，能让知识得到更好的理解和掌握。

同时，将多学科进行综合学习，也是产生创意和灵感的最直接、有效的方法。比如，你是一名医生，你的同事们只阅读医学类刊物，但是你还喜欢人工智能，并且掌握很多相关知识，那么二者相碰，你就会想出一些别人很难想到的点子；再比如，你是一名金融分析师，还掌握程序编写技能，那么你将比其他只懂金融分析的人更具备优势。这就是跨领域的优势，当别人还只在眼前徘徊寻找时，你已经看到了更高远的天空。

传奇的专家型通才巴克敏斯特·富勒拥有 55 个荣誉博士学位和 26 项专利发明，他曾说过："我们所处的这个时代，普遍认为越是狭隘地趋向于更专业，就越有逻辑性、自然性、可取性……同时，人类已经失去了综合理解能力。对单一学科的精通让个人产生一种孤立、徒劳和困惑的感觉。它同时还导致个体缺乏思考，缺乏对他人的社会责任感。甚至会造成某些偏见，最终恶性积累，导致国际性的意识形态的不一致，甚至引起战争。"

巴克敏斯特·富勒对单一学科的担忧，培根有句话是最好的解决方法："读书使人明智，读诗使人聪慧，演算使人精密，哲理使人深刻，伦理学使人有修养，逻辑修辞使人善辩。总之，知识能塑造人的性格。"如果我们从多领域出发去获取知识，那么我们不仅能获得一如马斯克那样的超能力，我们的人生也将上升到更高的维度。

打破学科壁垒是必然趋势

SpaceX 的那些年轻工程师，不仅头脑敏捷，而且个个都拥有跨学科的本领。他们可以设计零件，也可以利用铣床和车床来自己造零件。他们能把网购来的材料从惨不忍睹、一无是处变成性能卓越的部件。很多团队成员甚至能够在三天内改造好一台发动机进行测试。跨学科的能力，让他们个个都是全才，30 个人可以完成传统火箭发射团队 300 人的工作量，且所花费的时间更短。

打破学科之间的壁垒，各个领域知识进行融合，是多元化发展的必然。以此为基础，团队要想运行高效，就不能将自己变成流水线的工人，只盯着眼前的一亩三分地，而是要有更宽广的眼界、更开阔的思维，能提出更独特的创意。比如在特斯拉，没有古板教条的技工，有的是充满活力的科技狂人，他们甚至还能摇身一变成为汽车销售人员。

2013 年，特斯拉陷入困境濒临破产，为了挽救此前一直停滞不前的销售状况，马斯克勒令所有 500 名员工，不管现在是在什么岗位，立即转变成销售业务员。他告诫员工："如果我们无法把这些车尽快销售出去，我们就彻底完蛋了。我不在乎你之前的职务是什么，现在你的新工作是销售汽车。"同时，他提拔了很多业绩显著的新人，而对于表现平平的高层领导，他也说解雇就解雇。

尽管全员出动，但马斯克仍然信心不足，他还打算实在不行将特斯拉出售给谷歌，甚至与拉里·佩奇都商量好了细节。但是，强行转行的 500 名销售带来了巨大的惊喜，他们超额完成了销售任务，不仅将特斯拉从破产边缘拉了回来，而且还让公司实现了上市以来的首次盈利。

戴森 CEO 詹姆斯·戴森说："很多科学家、工程师或发明家都会认为他们需要商人来开展推销业务，其实并不需要。如果你悟性强，你会不断思考和创新。我指的不仅是产品，还有做生意的方式、销售的方式、对待顾客的方式，如果你能明智地去思考，并以自然的方式来处理，就会很有效率。商人，通常也来自某一专业，所以为什么不能是工程师呢？为什么不能是想出产品的人呢？他们有市场敏感度，看到了产品的需求，所以，已经是一个了解市场的人了。他很可能是最好的销售，因为他对自己的产品很有激情。”詹姆斯·戴森的这段话很好地解释了为什么特斯拉的工程师们能在短时间内创造销售奇迹。

打破学科壁垒，跨领域解决问题，无论是在个人成长领域，还是在企业决策领域，都是颇为有效的方式。

比如，“熵”本是热力学第二定律熵增定律的概念，但任正非将其引入到了企业管理当中。

在热力学第一定律中，所有的能量都是守恒的且可以转化的，但是能量在转化的过程中，通常都会有一些不能利用的能量被耗散。因此，能量公式就是：能量 = 有效能量 + 无效能量。这里的无效能量，就是熵。

熵增定律是热力学第二定律，说的是在封闭系统中的熵是一直增加的，也就是说，有效能量没有增加，但无效的能量却一直在增加，当熵增加到一定程度，系统就会被熵死。所以，在热力学第二定律下，封闭必死。

任正非说，华为是非常反对封闭的，封闭意味着熵死。“自主创新就陷入熵死里面，这是一个封闭系统。”他认为，“熵增”的解药就是活力的注入。所以，华为一直强调要打造一个开放、流动的活力引擎。

任正非这种运用其他学科的知识原理和规律来做决策依据的方式，是他能在人生决策路上先人一步的关键，也是华为能成就不凡的关键。

但其实，“熵增”也同样告诉我们，不能自我封闭，要保持开放，跨领域学习，让人生实现熵减。

那么，为什么用不同学科的原理做决策依据，就比专业经验更有效呢？

这是因为不同学科的知识凝聚了更多人的经验和智慧，不仅比单一专业领域的经验更广泛，而且多个学科知识会让我们拥有更广的视角，从而让我们做出的决策更加客观和严谨。

那些经典的跨学科原理和规律都是被严谨论证、反复验证的，它们远远超越了个人的有限经验，当我们依据它们来做决策时，做出正确决策的概率会大幅提升。

所以说，跨领域学习是未来人才的必备技能，跨领域决策是这个时代最厉害的决策方式。

专家型通才的优势

曾在 SpaceX 担任了 5 年招聘经理的多莉・辛格说，他们一直需要的都是全能人才，不仅可以编写代码，而且也精通机械工作原理。SpaceX 非常欣赏日常生活中 A 型人格特质的工程师。通常来说，A 型人格者具有较强的进取心、侵略性、自信心和成就感，他们愿意从事高强度的竞争活动，并且有意愿不断驱动自己在最短的时间里干最多的事，面对阻碍能有极强的毅力去克服。那些学业能力优秀，且动手能力极强的人，比如机器人比赛中的优胜者，或是能造出非同寻常的汽车的赛车爱好者等，都是马斯克非常欣赏的人才，他认为这些专家型通才的加入是公司持续发展的希望所在。

第一，专家型通才的加入能提高企业团队效率。

专家型通才能够跨界思考和探索。且不说马斯克横跨了多个领域，乔布斯也是既能设计电脑，也能拍出经典动画片的全才，他们手下的团队成员同样都是一个顶三个。比如解决一个关于火箭的问题，NASA 可能需要 1 个多月，SpaceX 的工程师们 30 分钟就能搞定。

这些专家型通才，都有着浓厚的好奇心和求知欲，既在专业领域有着深厚的造诣，同时也具备其他领域和学科的知识，并形成自己独特的知识体系。

通常来说，卓越的公司都有着这样卓越的团队。IDEO 是全球顶尖的设计咨询公司，以产品发展及创新见长，从常识上看，很多人都会认为设计师只要具备专业能力、专业精神就行，但 IDEO 的设计师们，不仅设计领域的专业能力出类拔萃，而且对生物科学、人文科学、社会经济学等看似跟设计完全不搭边的学科也非常感兴趣，不只是懂个皮毛，很多人都有着自己独到的见解。IDEO 认为，广泛涉猎其他学科知识，有利于开拓思维，提供多角度视角，激发创意和灵感。

高效卓越的团队是企业快速且良性发展的基石。这些专家型通才的激情可以蔓延到整个公司环境，从而为企业塑造一个良好的积极向上的氛围。一位 SpaceX 前高管就用“永动机”来形容 SpaceX 的工作环境，而这台“永动机”的动能就是由这些专家型通才的“永不满足”和“永恒希望”碰撞结合产生的。

第二，专家型通才的加入能塑造一个更加开放的创新环境。

专家型通才通常能够在一个点上保持专注、投入其中。但他们不会完全封闭在自己的世界中，而是会对外部世界始终保持开放的心态，接纳不同的视角。对马斯克来说，既要保持对火箭发射的专注，全情投入其中，不断精进，又要对外部其他看似不相关的领域保持足够的开放和接纳。

现在的时代，各行各业高度融合，竞争也朝着多元化发展。比如人们常说的，打败餐厅的不是另一家餐厅，而是外卖。现在，任何一个行业都可能与另一个行业进行对接，都可能形成一个新业态从而淘汰老业态。若是仍旧沉浸在自我的世界，不去主动观察世界，与世界的新变化对接，那么迎来的就只能是淘汰，比如银行业。曾经，银行是个稳定、不愁发展的行业，可是在互联网的冲击下，积累多年的看似稳定的态势，瞬间就被动摇。

因此，在这种情况下，专家型通才的加入，能防止团队陷入故步自封的僵化状态，他们对事物的发展趋势有着敏锐的嗅觉，能及时洞察趋势并把握住趋势。更重要的是，更高级的专家型通才，不仅可以洞察趋势，更能够创造趋势。

第三，专家型通才的加入能更快地找到最佳解决方案。

专家型通才在解决问题时，很少受限于既有思维和过往经验，他们往往是从问题的本质出发，就像马斯克坚持的“第一性原理”一样，去探寻问题的根源，这样设计出的方案才是最适合的方案。

苹果前首席设计师乔尼·艾维，每设计一个产品之前，都会做大量的追问：这个产品是什么，做什么用的，用户对象是谁，产品的功能亮点是什么，需要给予用户什么样的体验……很多问题看似跟他的设计毫不相关。但他明白，只有弄明白这些本质问题，才能对产品、对用户有一个清晰的心理画像，这样才能设计出优秀的产品，甚至是超出大众预期，让大众惊叹的产品。

所以，企业需要专家型通才的加入，因为他们不仅可以给出解决方案，他们追求的是最好最完美的解决方案。

对企业来说，专家型通才的加入，可以带来巨大的发展动力。对个人发展来说，成为专家型通才也有着巨大的职业优势。

首先，专家型通才更容易突破职业瓶颈。

正如马斯克的跨行业成就一样，现在的职场中到处都在号召要成为“斜杠青年”，因为通才在职场中会有更多的灵活性，他们不存在转型限制，可以很容易地从一个部门转移到另一个部门，从一个行业跨越到另一个行业，实现多栖发展。

随着大数据、人工智能的崛起，职场的优胜劣汰越来越快，专家型通才的多能力发展是未来职业发展的最佳护航。借鉴达尔文的一句话：

“最后存活下来的不是最强壮或者最聪明的，而是那些最善于应变的。”在飞速发展的时代环境中，我们需要让自己多一些知识和技能，以保证在未来不被淘汰。

其次，专家型通才创新能力更强，解决复杂问题的能力也更强。

学科与学科之间是相互关联的，每个知识分支都有可能与另一个知识分支产生奇妙的联系，从而诞生一个新的知识。比如，数据科学就是由统计学与计算机科学交叉结合后诞生的新学科。所以说，成为专家型通才，可以在更广泛的知识领域进行相互借鉴，从而激发自己的创新能力。而这种创新能力是解决复杂问题的基础。现如今，行业交错、领域相融，复杂问题丛生，而这正是我们成为专家型通才的最好时机。

打破思维模式的限制

在传统的航天公司，工程师和机械师都是分开工作的，他们甚至相隔千里。但是在SpaceX，这一传统限制完全被打破了。马斯克根据自己的风格布置了SpaceX的办公室——办公桌四散在工厂里，负责机器设计的工程师、毕业于常春藤大学的计算机科学家、负责硬件制造的机械师以及电焊工都可以坐在一起。工厂最中间的一个办公区，有一座三层楼高的玻璃建筑，矗立在焊接区和施工区之间，这座建筑里配有办公室和会议室，看上去与工厂格格不入，它之所以会在这里，是因为马斯克想打破传统的工种区域划分限制，让工程师们可以随时看到机器如何作业，可以快速找到技师们高效地进行沟通。

所以，马斯克看起来是在打破物理空间上的限制，其实是要帮助这些工程师打破思维模式的限制。

对于思维模式的限制，埃隆·马斯克说过："我认为普通人的思维方式被传统和过去的经验束缚太多了。他们总会说'我们会这么做，因为我们过去都是这么做的'，或者'没人这么做，所以这么做肯定不对'。"

其实，不仅是普通人，即便是那些非常厉害的人，也会在惯性思维的局限下产生一些非常错误的想法。比如，爱因斯坦说过"现在我们连利用核能最微弱的证据都没有"；爱迪生认为"交流电是无用的，因为它太危险，可以像闪电一样劈死人，只有直流电才是安全的"；IBM 的主席托马斯·沃森说"全世界可能只能卖出五台计算机"……

所以说，惯常的思维定式是实现突破性创新的最常见障碍。大多数人展望未来时，通常都是对当下形式进行递进式的映射，关注的是现有功能的改造，而不是直接抛去旧形式。就好像普通人只会想让马车更快一点，而亨利·福特却直接造了一辆汽车一样，普通人无法跳出思维定式的原因在于，他们只专注于既有的形式（马车），而忽略了本质功能（跑得更快）。所以，埃隆·马斯克才说，"人们通常用类比来生活"。

其实，每个人生来都曾拥有马斯克这样的思维，想想不停问为什么的孩子，想想孩子们的奇思妙想，只不过这些不被惯性束缚、天马行空的创新思维，在成长过程中被越来越多的惯性知识磨灭了。所以，我们要警惕那些固有思想，因为我们的大脑会更容易接受常识、旧习俗等看起来比较熟悉的知识，而一旦接受，这些惯性知识便会在我们的大脑中扎根发芽，从而阻碍创造力的诞生。

那么，如何打破惯性思维模式呢？

保持旺盛的好奇心

诺贝尔物理学奖得主理查德·费曼曾说过一个关于无用知识的有用性悖论："在整个科学史上，最终被证明对人类有益的大多数真正伟大的发现，其实都不是刻意为之，这些科学家之所以有这些伟大的发现，并不是受这些发现的有用性驱动的，而是为了满足他们自己的好奇心。"

马斯克也说："由好奇心驱动，这比任何都重要。"也正是强烈的好奇心驱使着他跳出思维舒适区，去践行自己的梦想，将灵感变为现实。他好奇哪些事情可能会影响人类的未来，好奇地球的未来将走向何处。好奇心让他不断探索，寻找答案，最终为了让人类拥有更宽广的未来，他计划火星移民；为了应对地球未来的能源枯竭，他着手开发和建设新能源。

物理学家马修·费舍尔说："对好奇的人来说，整个世界都是一个实验室。"马斯克就在地球这个大实验室里验证着他的各种天马行空的想法。

好奇心不仅是创新力的激发器，更是机遇的追踪器。

52 岁的奶昔搅拌机推销员雷蒙·克罗克决定从洛杉矶开车去往 60 英里外的圣贝纳迪诺的一家"得来迎"餐厅。圣贝纳迪诺是一个沙漠小镇，"得来迎"英文是"Drive-in"，说是汽车餐厅，其实就是卖给过路司机熟食的小卖部。就是这样一个小地方的小店，居然买了 8 台大功率奶昔搅拌机，克罗克实在是太好奇了。

上午 11 点，克罗克找到了这家餐馆，果然是间小卖部，面积大概 20 平方米，但很干净，服务员都是戴着白色纸帽子的年轻人。客人很多，都在柜台前排队，但出餐很快，这让克罗克更好奇了，因为他曾经在 66 号公路上的一家“得来迎”买一个汉堡，结果差点因等待时间太长而跟服务员打起来。

克罗克向一个建筑工人询问多久会来一次，工人说，每天都来。因为这里只用 15 美分就能买到一个料足味美的汉堡，奢侈一点还可以花 5 美分买一杯咖啡，10 美分买一份薯条。如此物美价廉，好奇心在克罗克的心里奋力翻腾着，他觉得，人生的机遇在向他招手。

克罗克一直观察到下午 2 点半，然后他走进了餐厅，店老板理查德 · 麦当劳与莫里斯 · 麦当劳兄弟热情地接待了他。后来，克罗克不再去推销奶昔搅拌机，他让这家沙漠小镇的“得来迎”餐厅变成了全球快餐连锁店巨头——麦当劳。

很多人根本不会好奇一家店买多少台奶昔搅拌机，所以他们看不到机遇。克罗克强烈的好奇心，驱动着他去探寻事情的真相，于是，他成了全世界闻名遐迩的富豪。

迪士尼 CEO 罗伯特 · 艾格说：“我相信好奇心是成功的关键。我说的好奇心，是对学习新事物、体验新经历、参观新地方以及认识新朋友的渴望。如果你没有好奇心，你就永远不会创新。创新对一家公司有着无比重要的作用，特别是在一个变化如此迅速的世界里，为了创新，你必须充满好奇，这是通往成功的道路。”

那么，如何发现问题，激发好奇心呢？

1. 抛弃既往常识，从 0 开始思考，从事物本源出发。比如，首先，在 SpaceX 之前，人们的常识是火箭发射都是以国家为主的，但是马斯克撕掉了这个标签，以民营企业的身份将航天员送往了太空。其次，SpaceX 成立之前，火箭发射并不是马斯克的专业领域，但他并没有为不熟悉的领域所困，反而从火箭的根源出发，探寻解决方案，并取得了成功。

2. 从习以为常的问题开始发问，多角度思考。克罗克就是从人们习以为常的事情开始发问：这家小店为什么会买那么多台奶昔搅拌机？为什么出餐能这么快？为什么食物能这么便宜？而这些问题的答案就是创新的来源。

再比如，苹果有一个圆形无线充电板 AirPower，把手机放上面就能实现充电，但这款产品有个限制，就是只有放在正中间才能给手机充电，位置偏一点都不行。曾经与苹果总裁库克对话的何同学就想，能不能做一个桌子那么大的随便放就能充电的 AirPower 呢？能不能充电的时候看起来很酷呢？能不能让这张桌子有更完美的办公属性呢？

通过不停追问，终于，何同学做出了一张把手机放在桌子上就能充电的 AirDesk。桌面是一张透明的屏幕，只要将手机随便往桌子上一丢，一个闪烁着小猫动画的充电装置就会自动追踪到手机下方，为手机充电，当手机充电完成后，这个装置还会自动寻找下一个目标，主动为其他设备比如键盘、鼠标等充电，直到桌子上没有需要充电的设备为止。

同时，这张桌子还有监控功能，当桌子感应到你已经坐了超过 1 个小时的时候，桌面会出现一个升起图标，点击这个图标，桌子就会升高到一定高度，提醒你站起来活动一下。除此之外，每隔 1 个小时，桌子还会将水杯移动到面前，提醒你多喝水。而且，当手机充电时，还有一个专注模式——桌面上会出现一个 25 分钟的倒计时，提醒你专注工作、少玩手机，如果在倒计时结束前将手机拿起，再放回去的时候，桌子将拒绝为手机充电。

就是在这样的好奇心的驱使下，何同学没有拘泥于固定思维模式，将充电器、桌子两个不同属性的事物融合在了一起，创造出了一个让人眼前一亮的全新事物。

史蒂夫·乔布斯说："我跟着我的直觉和好奇心走，遇到的很多东西，此后被证明是无价之宝。"

因此，好奇心不仅是帮助我们打破思维定式的不二法宝，而且是驱使我们探索日常生活新可能性、打开新世界大门的动力源泉。

EAIP流程

除了先天的好奇心驱动外，我们还可通过工具来帮助自己突破思维局限。

美国质量管理学家沃特·阿·休哈特提出过一个全面质量管理的思想基础，名为"PDCA 循环"，后来质量管理专家爱德华兹·戴明将其优化为四项：P——Plan（计划）、D——Do（执行）、C——Check（检查）、A——Act（处理），具体内容为：制订计划、执行计划、检查执行结果、处理结果。这一方法因简洁高效，已经成为质量管理的主要方法，并在企业其他领域进行延伸和运用。

我们也可以借助这个工具，但由于我们的目标是突破思维局限，所以，就不仅是制订计划和执行计划，而且需要通过不断实验，找出最优方案。因此，我们将PDCA循环演化为：EAIP流程，即实验（Experiment）—评估（Assessment）—改进（Improvement）—完善（Perfection），将方案和计划通过实验进行验证，然后评估结果，发现问题，设置改进方案，接着对改进后的方案再进行实验、评估、改进，直到找出最优方案。

所以，在这个流程中，前三个步骤是一直不断循环的。通过这样的不断实验，最终实现思维的突破。

EAIP流程

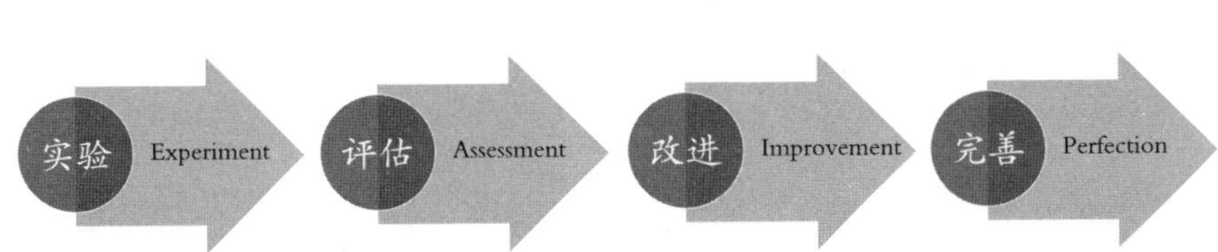

马斯克曾说过，一定要通过实验去验证结论。Space火箭就是在这样一次次的实验、评估复盘、改进优化、再实验的不断循环中，取得最

终成功的。

特斯拉的成功也是在这样的流程之下实现的。像创立 SpaceX 一样，马斯克在创建特斯拉时，也倾向于聘请那些年轻的、对新事物有着强烈好奇心的工程师。他们行动力很强，善于将奇思妙想付诸实践，然后不断进行实验；他们不在意新想法或者新模式在硅谷湾区是否有成功运用于汽车领域的先例，也不在意建造一个复杂的实体和开发一款软件之间几乎没有任何相似之处，他们在意的是，新构想的实验如何，哪里需要改进和完善，最终还能在哪里进行创新。正是他们的不断实验求证，迭代更新，加上他们非凡的智慧与极度的努力，才支撑着特斯拉不断向前走。

可以说，EAIP 流程已经成为马斯克突破创新的标准方法。为了解决特斯拉电池爆炸的问题，马斯克成立了一个六人测试团队，不断进行实验，还用高清慢速摄像机拍下实验过程，用以实验后的评估。在试爆了几千块电池后，他们终于找到了防止爆炸的方法。而且，在实验过程中，他们还发现了新的排列电池的方法，研发出了新的电池技术，又为特斯拉的市场竞争力再添砝码。

除了突破创新,EAIP 还能规避风险，当不确定这个方案是否可行时，也可以通过实验来验证。马斯克曾聘请知名汽车设计师亨利克·菲斯克为 ModelS 设计外观，但菲斯克一直没能拿出符合他水准的方案，反而创立了菲斯克汽车集团，推出了一款外形炫酷的混合动力汽车。马斯克对此非常气愤，但这款汽车也让特斯拉团队犹豫，是否也和菲斯克一样开始制造混合动力汽车。

犹豫不出结果，实验才出真知。于是，经过建模、设置性能指标、分析成本等一系列实验、评估后，他们发现，制造混合动力汽车的成本极为高昂。特斯拉首席技术官J.B.斯特劳贝尔说："这样一来，不但成本高，而且性能远不及纯电动汽车。我们还需要专门组建一支团队，去和全世界所有的汽车公司比拼传统机械工艺，这与我们一直坚持的电动力理念和电池优化之路背道而驰。我们决定义无反顾地全身心投入到我们所认定的最终愿景上。"

由此可以看到，当我们不断尝试按照EAIP流程来审视并督促自己的时候，我们看问题能更敏锐，思考问题能更深入全面，也能做出更多战略级的优势策略判断，与此同时，也可以进一步拓展认知和眼界，形成新的认知优势。

学会归零

为什么我们的思维定式不容易打破？因为，循规蹈矩在人们的常识认知里，是安全的，而尝试新事物、运用新方法，则要承担更多的风险。

但马斯克也常说，与其对现有的技术修修补补，不如完全舍弃，删繁就简，重新开始。

很多时候，如果思维定式不能被打破，不仅不安全，反而会使我们陷入更加危险的境地。因此，敢于冒险，学会应变，勇于突破固有的思维定式，我们才能找到更为广阔的天空。

有一道思维测试题：一位公安局局长在茶馆与一个老头下棋。这时跑来了一个小孩，着急地对公安局局长说："你爸爸和我爸爸吵起来了。"

老头问："这孩子是你的什么人？"

公安局局长回答说："是我的儿子。"

那么，这两个吵架的人与公安局局长是什么关系？

据说有人曾用这道题测试过 100 人，结果只有 2 人答对，且有很大一部分人认为这是一个非常复杂的问题，甚至要上升到血缘、伦理的高度。

真的这么复杂吗？

答案其实很简单：公安局局长是女的。

为什么这么多人都想得那么复杂呢？

因为他们被惯性思维束缚住了。在他们惯常的认知里，"公安局局长""茶馆""与老头下棋"这几个关键词的性别指向一定是男性。如此，原本简单的问题也就变成复杂的问题。

这就是惯性思维带来的束缚。我们的常识和经验会让我们在未对事物进行全面了解的时候，先入为主地给事物下定义、画形象。有时候，这种惯性思维确实能带来预见性的正确。比如，若是在旧社会，在茶馆与老头下棋的刑部侍郎一定是男人。但是，时代在变，文化环境在变，经济环境在变，很多常识性的东西也在变，在如今的移动信息互联时代，常识已经不是在慢慢改变，而是很快就能形成颠覆性的认知。若是认知跟不上时代的变化，只会被时代远远抛在身后。

想想诺基亚是如何倒下的。2007 年第一款 iPhone 面世，当年全球手机销量第一的是诺基亚；6 年后，2013 年，iPhone 的移动互联网使用量已经成为全球第一，当时三星第二，诺基亚第三，但需要注意的是，iPhone 只有一款，而三星和诺基亚则是很多款手机加在一起的数据。也就是在这一年，诺基亚将垄断了全球 50 年的手机业务剥离出售给了微软。

如今，同样的苦恼也出现在福特身上，特斯拉这颗“新星”已经成了昔日汽车大王的大困扰。

诺基亚为何失败，福特为何焦躁？因为在它们的认知里，那个在茶馆和老头下棋的公安局局长只能是男的。它们的本行业务太强大了，因此被困在了自己的惯性思维里，被成熟的框架束缚，没能跳出来，只能将自己困死在其中。

那么，如何跳出惯性思维的障碍呢？向 iPhone 和特斯拉学习，以初学者思维，从零开始。

有这样一道测试题：

任意抛掷一枚硬币 9 次，掉下后都是正面朝上。假定不受任何外来因素的影响，第 10 次硬币正面朝上的概率是多少？

你是不是准备计算了？不用计算，答案很简单：50% 的概率。不管此前是 9 次正面朝上，还是多少次正面朝上，再抛一次，正面朝上的概率仍然是 50%，因为硬币只有两面。正反面的出现概率与之前抛掷硬币时的概率没有任何关联。

不要纠结抛了多少次，不要被出现的数字干扰，让思维学会归零，从本源思考。

在 iPhone 问世之前，苹果没有做过手机，却重新发明了手机；特斯拉造 ModelS 之前没有造过汽车，却重新定义了汽车；它们都是初学者，也正因如此，没有历史包袱，才能破除惯性，实现创新。

贝索斯曾说过："发明新事物的门槛相当高，因为世界的需求与变化非常复杂。你必须是某个领域的专家，但这时你又会被自己的知识束缚。发明家必须拥有如此矛盾的能力，拥有相当专业的知识，以成为某一领域的专家，同时保持初学者的思维，真切地站在初学者的角度，尽管他们已是这领域的专家。"

显然，马斯克和乔布斯就是以这样的"专家 + 初学者"的模式，成了时代的开创者。

摆脱锚定效应的左右

17 世纪时，亚里士多德是很多人信奉的对象，人们把这位古希腊哲学家的话当作真理。亚里士多德说："两个铁球从高处落下来，重的一定先着地。"所有人都坚信不疑。

25 岁的伽利略初生牛犊不怕虎，偏不相信。于是，他登上比萨斜塔，将两个不同重量的铁球同时抛下，结果两个铁球同时落地。

人们对亚里士多德的盲目相信是一种常见的心理学现象，即锚定效应，指的是人们在对某人某事做出判断时，易受第一印象或第一信息的支配，就像沉入海底的锚一样，把人们的思想固定在某处。这其实就是我们常说的"先入为主"。

作为一种心理现象，锚定效应普遍存在于生活的方方面面，除了第一印象这种常见的场景外，我们小时候学的知识、接受的理念、原生家庭对人一生的影响等，都是锚定效应在发挥作用。

查理·芒格曾说："锚定效应危害最大，一定要小心，别被你之前的结论束缚。人的思维一旦锚定，就容易做出荒谬的结论。”

因此，那些取得不菲成就的人一定是打破锚定效应的人，比如马斯克。马斯克小时候就喜欢凡事问“为什么”，如果有人说这件事做不成，马斯克就偏要尝试一下，看看到底能不能做成，为什么不能做成。在马斯克的观念里，做不成事大多是因为条件不够，但世界是发展变化的，以前条件不够做不成，现在或者后来条件变化后说不定就能做成。正是因为从来不会被“先入为主”左右，马斯克才有那么多天马行空的奇思怪想。

认知陷阱的锚定效应

设计火箭时，工程师们都会尽量避免焊接火箭用的金属板材，因为害怕火箭发射后，因压力的变化而对火箭产生不利影响。这就要求一定要使用固定尺寸的板材，而这又导致其他方面的设计要受到这个限定条件的约束。

于是，马斯克决定拔掉不能焊接的这个“锚”。他决定从“搅拌摩擦焊接技术”入手，这并不是一项很难的技术，通常用来焊接金属基复合材料等，从未被用来焊接火箭箭体。马斯克将这项技术进行了开拓性的改进，实现了巨型金属板的焊接流程自动化，而且确保焊缝更加坚固。这样，SpaceX 就可以使用更轻的合金，焊接在一起做火箭箭体，无须再使用铆钉、紧固件等其他辅助结构，如此使“猎鹰”火箭的重量减轻了数百磅。马斯克还将这一技术转用于特斯拉，让特斯拉生产出更轻、更坚固的汽车。

“搅拌摩擦焊接技术”取得的成效让竞争对手们很是眼红，他们纷纷开始效仿，甚至挖走了SpaceX在这一技术领域的专家——雷·米耶科塔就被杰夫·贝佐斯挖去了蓝色起源（Blue Origin）。这让马斯克对这位曾经一起畅谈登陆火星的朋友贝佐斯非常气愤，两人关系从此开始恶化。

马斯克对“搅拌摩擦焊接技术”的重新运用告诉我们，只有拔掉认知上的“锚”，勇于跨领域创新，才能开拓另一番天地。

锚定效应也常被运用在日常生活中，每个人都会有意无意地被“锚定”。

比如常见的星巴克“中杯”“大杯”“超大杯”的设定。对星巴克来说，杯子越大，利润越高，因此，他们将“小杯”作为一个隐藏的锚点，将顾客的目标锚定到中杯、大杯、超大杯，在比较这三个选项时，一般人的选择惯性都会倾向于中间的选择，会觉得“大杯”更划算。但事实是，这只是星巴克锚定了你的行为。

还有一个最著名的人们被集体锚定的事件，即那句著名的广告词——“钻石恒久远，一颗永流传”。

钻石不能恒久远，它的矿藏量其实很大，并没有那么珍贵；钻石也不能永流传，它的主要成分是碳，在强紫外–C线的照射下，几秒就会消失。曾经它确实“以稀为贵”，但1870年南非发现了一个产量预估过亿克拉的钻石矿。钻石商们为了维持高暴利，立即联合成立了戴比尔斯公司（De Beers），买下了矿山，垄断开采，确保钻石的低产量，人为制造了“物以稀为贵”的假象。

然后，戴比尔斯公司做了大量营销，把钻石和爱情捆绑在一起。这无疑是20世纪最成功的营销，结婚就得买钻石的观念，被深深地锚定到全世界人的心里。人们被锚定在商人的布局中，长达百年且不自知。

锚定效应几乎在我们每个人身上都发生过，只是有时候我们没有意识到罢了。既然锚定效应这么容易误导人们，那么我们应该通过什么方式避免锚定效应带来的负面影响呢？

调整性启发

人们在社会认知中，总是会先设定一个锚定点，然后逐步调整锚定点，最终得出结论，即“认知对象与锚定点相比如何”。我们需要培养的，正是对锚定点的调整性启发。

那么什么是锚定点呢？我们可以把它理解为一种参照物。

马斯克一直在为SpaceX寻找能够制造火箭燃烧剂贮箱的承包商，刚开始的时候，马斯克将锚定点放在了航天领域，但很多航天领域承包商的创新能力和步调都无法跟上SpaceX的进程。于是马斯克决定跨领域寻找，将锚定点重新设定为“制造过大型存储设备的承包商”，重新设定的锚定点给了马斯克很大的启发，他很快便在美国中西部找到了一家名为spincraft的公司，虽然这家公司没有制造过火箭燃烧剂贮箱，但是它们制造过乳制品加工和食品加工行业使用的大型农用金属存储设备，虽然领域不同，但其背后的原理是相同的，所以制造燃烧剂贮箱也不在话下。

锚定点不同，参照物不同，思考的方向就不同，解决之法自然也就不同。所以，如果前路不通，适时调整锚定点，也许就能获得新的启发，找到行之有效的解决路径。

当年王传福决定创业做电池的时候，筹集了300多万的资金，在当时，这是一笔不小的数目，可当时的电池生产线动辄需要花费上千万。若将锚定点就设置成“专业生产线”，那只能去国外采购，300万只是杯水车薪。可若将锚定点调整成“电池生产线的方式”，思考的方向就完全不一样了。既然买不起专业现成的，那就照着做，“机器不够，人工来凑”。王传福按照电池生产线的方式，将生产拆分成了几十个环节，用“人工+夹具”来代替生产线上的机械手。就这样，王传福只花了100多万就搞定了原本需要几千万的生产线，也因此获得了巨大的成本优势，让比亚迪成立仅3年，就成为中国第一、世界第四的电池生产商。

锚定点，可以左右我们的决策，决定事情的走向。所以，设置恰当的锚定点至关重要。

很多时候，我们容易将锚定点设置在自己最熟悉的方向。例如，生活中有一些人总是羡慕别人的生活。他们之所以认为对方过得很不错，其实是因为他们把自己当作了锚定点。在日常生活、工作中，大部分时候我们所使用的锚定点就是我们自己，我们对他人所作的一切评价，无论是消极的还是积极的，都是在和自己作比较，我们对事物的评价往往反映出的是我们内心的想法和个人状态。也就是说，你认为别人好，是你觉得他们比你更好，你认为别人不好，是觉得他们比不上你，一切都只是你的主观想法而已。

所以，当你认为别人生活幸福、有钱、有本事的时候，有可能这并非是客观性事实，而是因为你把自己当作了锚定点。如果换一个更加客观的锚定点，也许你就不会这么想了。

所以，我们要学会不断调整、设置合适的锚定点，只有这样我们才能快速地认知环境、适应社会，尽可能地减少误导我们思想的因素。

如何打破锚定效应

要把这种顽固又不易觉察的“锚”拔起，远比我们想象的困难得多。那么，该如何抵制锚定效应对日常生活的影响？

方法 1. 以他人为鉴

唐太宗李世民说：“以铜为鉴，可以正衣冠；以人为鉴，可以知得失；以史为鉴，可以知兴替。”意思就是，每个人其实都是固执的，当我们陷入认知错误时，尤其固执。人最难的就是以客观的眼光审视自己。所谓“当局者迷，旁观者清”，我们需要一个客观的旁观者来帮助我们认清事实的真相。这也是为什么再优秀的公司都需要外来的咨询顾问，帮助自己梳理企业结构，洞察企业发展中的问题。

所以，要减少锚定效应对我们的影响，就要善于借助外力，帮我们看到真实的自己和客观的世界，从而做出正确的判断。

方法 2. 多思多想

遭遇锚定效应场景，在判断之前，暂停一会儿，运用第一性原理，积极思考一下，想想自己原本的需求，估算一下妥协的后果。经常这样反着想一想，你将会更容易发现锚定效应的陷阱。

为了让思考更加深入，且更不易被他人的想法左右，我们就要多学习，多积累，开阔思路，拓宽眼界。只有知识储备极为丰富，见识广阔的人，才能更快地打破锚定效应。

找到领域的核心枢纽

那么，我们如何像马斯克一样开始跨领域学习、实现自己的斜杠人生呢？

寻找不同领域的共同目标

一提到跨领域学习，很多人可能会说：“天哪，领域太广，学科太多，我要怎么开始学，我要从哪儿入手，什么时候能学得会啊？”

我们会产生这种为难情绪的原因有很多，比如，当和自己过去的做法不一样时，我们的大脑会本能地进行防卫，首先怀疑新事物的可行性；人们不愿迈出舒适区做挑战，而是更愿意在舒适圈内给自己找理由。还有一个更重要的原因是，在我们的常识里，单科学习是一件需要花费很多时间和精力的事，一科学好已是不易，如果再进行跨领域的学习，更是难上加难。

显然，我们仍是把自己困在了思维定式里。跨领域学习的核心目标是从多个领域中寻找解决方案，这并不需要我们把各学科的所有知识都学习一遍，而是找到不同领域都存在的共同问题，然后学习这个领域的核心知识。

尽管每个领域看起来差别很大，很多行业、学科看起来互不相通，但我们如果从本质上去探寻就会发现，学科的根基是文化，文化与文化之间是相连且相互影响的；行业的根基是人的需求，人的需求是相通的。

比如，游戏行业和电影行业，这是两个看起来完全不同的行业。但是，它们的本质却是相通的。因为，游戏行业的目标是给人带来愉悦的体验，而电影行业的目标也是给人带来愉悦的体验。所以，当我们想要设计一款高品质游戏，却因游戏行业的发展短暂，还未沉淀出成熟的设计理念和方法，而不知该如何进行时，我们就可以向电影行业的标杆们学习。电影行业已经有 100 多年的历史，对电影行业来说，如何给观众带来美好的体验，已经是驾轻就熟的事。而如何给玩家带来高品质的体验也正是游戏设计者们的目标。所以，对游戏行业来说，电影行业是一个很好的学习对象。

这种跨领域的做法其实一直都有。马斯克大学暑假时曾在火箭科学游戏公司（Rocket Science Games）实习，这家公司致力于打造世界上最先进的视频游戏，他们的团队可谓是明星云集，每一位都非常优秀，比如托尼·法德尔几年后去了苹果，直接推动了 iPod 和 iPhone 的面世。

团队里还有一批电影人，有的还参与过《星球大战》等电影的制作。这样一群人开发出来的游戏，不仅硬件过硬，而且保留了好莱坞的叙事方式，品质极高。也正是这次实习的经历，让马斯克感受到了跨领域的奇妙，看到了文化与技术相结合的美妙。

苏轼有诗云："不识庐山真面目，只缘身在此山中。"不能看到庐山全景，只因庐山层层的峰峦挡住了我们的视野。所以，要想看得更远，就得站得更高。

俗话说的"隔行如隔山"，究其原因还是没有跳出局限，还只是站在各自的行业看不同。比如球队教练与医生，如果只看不同，那二者之间隔的是巍巍大山。但是，教练的责任是及时发现队员的问题，让每个队员发挥所长，取得最好的成绩。医生的责任是，找出病人的问题，对症下药，让病人及时康复。二者的职责是有共通之处的。教练可以向医生学习，用医生思维去及时发现团队的问题，对症处理。

所以说，如果我们能跳出领域限制，打开眼界，将很清楚地看到行行皆有门道可学。

重要学科的重要思维

如何更好、更高效地寻找到不同领域之间的共通之处？

这就需要一项基础能力，即掌握重要学科的重要思维。

什么是重要学科的重要思维？

在《穷查理宝典》中，查理·芒格认为，（重要学科）“包括历史学、心理学、生理学、数学、工程学、生物学、物理学、化学、统计学、经济学等”。这些学科是认识物质世界和人文世界的基础，每一门学科都有着自己重要的学科思维。比如，学习数学，是培养逻辑推理的能力；学习生物学，是培养进化发展思维；学习物理，是理解第一性原理的本源思考；学习统计，是培养系统分析思维；学习历史，是培养归纳演绎思维；学习心理学，是培养共情的同理心思维……跨领域学习，学习的重点不是单个知识点，而是这些知识背后的规律和原理，而这些规律和原理又是我们正确认识世界的重要认知原理和思维模式。

这也可以回答那个无数人都曾问过的问题：我们从小学的那些基础学科，比如数学、物理、生物、化学、政治，很多人可能毕业之后一生都不会用到，为什么还要学？

用查理·芒格的话说，就是“这些理论具有最大的确定性以及普适性，是获得智慧时能付出机会成本最小的路径”。

领域之间是互有联系的，学科之间是相互融合的。比如，提到芯片，大多数人首先想到的就是高科技产品，那你知道这个各国都争抢的芯片，是什么做的吗？沙子，一种再寻常不过的事物。沙子的主要成分是二氧化硅，制造芯片首先需要将沙子加热，让二氧化硅与碳反应，形成纯度无限接近 100% 的单晶硅块，然后将硅块切成薄片，接着进行更精密的加工。

这个世界没有单一的事物，没有单一的问题。当我们用第一性原理，进行追问、探寻本质时，就会发现所有的内在结构都有共通性，所有的学科领域都有互补。正如约翰·缪尔说：“如果我们试图理解一样看似独立存在的东西，我们将会发现它和宇宙间的其他一切都有联系。”而我们需要做的就是学习重点学科的重要思维，然后运用这些原理去观察事件，洞察逻辑。

很多人觉得，查理·芒格就像一个棋手，总是闲庭信步，对趋势的洞察似乎轻而易举，但是，查理说这都多亏了他一直保持学习。“你必须知道重要学科的重要理论，并经常使用它们——要全部都用上，而不是只用几种。大多数人都只使用学过的一门学科的思维模型，比如说经济学，试图用一种方法来解决所有问题。你知道谚语是怎么说的吗？‘在手里拿着铁锤的人看来，世界就像一颗钉子。’这是一种处理问题的笨办法。”

每一学科的技能，都是一种工具。我们当然不能只带一把锤子去探索世界，我们要准备好自己的工具箱，并打造自己的认知工具。

刻意练习

有位哈佛教授曾出过一道测验题：

两名不谙世事的老妇人在新英格兰继承了一家专门生产品牌鞋的鞋厂，但一些严重的商业问题正在困扰鞋厂，教授说明了老妇人们碰到的难题后，让学生为她们思考对策。

教授给全班同学的答案的分数都很低，只有一名同学获得了高分。

这名同学的答案还很简短，如下：

“在它所处的特殊地理位置上，这一业务范围以及这一特殊的行业（制鞋），所代表的是许多非常难解决的问题，这两名不谙世事的老太太根本不可能在不请别人帮忙的情况下化解这些难题。考虑到其中的难度和无法避免的代理成本，她们应该及时出售这家鞋厂，或许该卖给一家拥有最高边际收益优势的竞争对手。”

这个高分答案不仅运用了商学知识，还借鉴了心理学和经济学知识。

这个故事也告诉我们，跨学科解决方案是需要刻意练习的。因为我们很容易陷在固定思维之中，而忘记跨领域寻找答案。因此，想要建立跨领域思维模型，一定要刻意练习，然后在工作、生活中去运用。一个知识你觉得你学会了、知道了，不是真知；只有经过长时间的刻意练习，形成思维惯性，知识才能真正成为思维的一部分，成为真知。

正如，1 度角的两条线之间的缝隙看上去小到可以忽略，可是，当我们将两条线无限延长之后，两条线的距离会变得大得惊人。而要想快速敏锐地发现那个角，就需要我们通过刻意练习感受那细微的差别。

本·霍根被称为“20 世纪最伟大的高尔夫球手之一”。当人们询问他有什么诀窍时，他说成功的诀窍就是日复一日的重复练习，“我迫不及待地想在早上起床，这样我就可以击球了。黎明时分，我会训练几个小时，休息一下，然后再重新开始。”

其实秘诀就在这些练习上。霍根从外科医生那里获得灵感，他将比赛分解成几个部分，然后针对每个部分进行精准分析、解剖、练习、改进；他还将高尔夫的挥杆动作也分解成几个阶段，然后针对每个阶段进行刻意练习，寻找最完美的动作。

跨领域的思维启发，再加上刻意练习的记忆巩固，让霍根获得了九个大满贯，他的技巧更被奉为“霍根的秘密”。

每一个学科都是认识世界的一个独特的窗口，要想窥得世界之全貌，就要保持思维的开放，从多个学科中汲取知识，获得其原理，掌握其思维模型。当我们能将这些原理和知识纳入自己的架构中时，正是我们拓宽边界，开发新可能之时。

拓宽边界跨越不可能

所有见到内尔·哈维森的人都会忍不住盯着他看，因为他头上插了根天线，但他不是在搞行为艺术，这根天线在帮他识别世界的颜色。他是世界上第一位政府认可和批准的半机械改造人。

内尔·哈维森患有严重的色盲症，世界在他眼中只有黑白二色。21岁时，他在英国雷丁大学一位控制论教授的帮助下，在头骨中植入了扩充色彩感知的传感系统，这套系统的前端，也就是天线的顶端有一个摄像头，后端则是哈维森后脑里的芯片。

在物理学上，颜色是眼睛和大脑所产生的一种对光的视觉效应，光是一种电磁波，不同频率的电磁波表现为不同的颜色。哈维森植入的这套传感系统，可以通过摄像头探测到不同颜色的频率，数据传输给芯片后，芯片将数据通过头骨传导给耳朵，然后，哈维森就“听到”了颜色。他甚至比普通人更敏锐，能“看到”红外线、紫外线这些我们肉眼看不到的东西。这套系统还可以联网、连接蓝牙，甚至接收人造卫星的信号，这让哈维森的“视野”也变得常人难以企及的宽广。哈维森非常感谢这根天线，这不仅让他的世界丰富起来，而且让他感觉自己就像有了超能力。

哈维森的色盲是医学解决不了的难题，但计算机科学却给予了新的可能。所以，只要敢于拓宽边界，跨领域寻找解决方案，不可能也能变成可能。

亚里士多德在《论诗术》将知识分为三个大类：1. 静观的知识，主要是客观世界的科学理论知识，比如物理学、数学、化学、天文学等；2. 实践的知识，主要是与人及社会相关的知识，比如社会学、政治学、经济学等；3. 制作的知识，主要是与创作和生产相关的知识，比如造船学、诗学等。

恩格斯称亚里士多德是“最博学的人”，我们从他的知识分类就可以看出其学识的渊博程度。亚里士多德的知识分类，是基于他对知识的全面掌握和系统梳理。他虽然将自己的知识进行分类，但目的是要说明知识之间是相互联系的，背后的逻辑是相通的，他的主张一直是“用完整的世界体系来解释现象”。

从亚里士多德开始，这种对知识进行分类的模式也慢慢成为西方科学学科分类的标准。虽然随着文明的发展，学科的种类越来越多，但2000 多年前先哲的智慧仍是指路明灯，我们不能将目光只局限于某一问题、某一领域，而应突破边界限制，以完整的体系去分析和理解问题。

马斯克就是这样，每到一个领域，他首先做的就是了解事实。一旦了解了事实真相，他就可以制订计划来改善其中的每一个细微之处，而这个过程也是他将更广泛领域的信息进行整合和再创造的过程。

打破边界

在马斯克眼里，根本没有边界的限制，他要求其他人跟他一样，永远只考虑“实现路径”，而不要争论“是否可行”。因此，他要求员工更加努力地工作，动更多的脑子，做更多的事，犯更少的错误。很多与马斯克共事的人最后都是因无法忍受马斯克的性格而选择离开，但是他们无一不敬佩马斯克的眼界和极强的执行能力。莱恩斯曾经是特斯拉最能干的员工之一，他说，在特斯拉工作，不要担心那些方法是否可行，只要能解决问题就好，至于边界的限制，忘掉即可。

马斯克在 21 岁便确定了互联网、可持续能源、太空探索与多星球扩张、人工智能、人类基因密码编辑五个方面将对人类的未来产生重大影响，选择了互联网、可持续能源和太空探索与多星球扩张这三个为重点发展方向。24 岁创办网络公司 Zip2，27 岁创立网上银行 X.com，31 岁成立 SpaceX，33 岁投资特斯拉，35 岁创立太阳能公司 Solar City……马斯克创办的每一家公司，创造的一个产品，都是极具想象力的。如今他已将边界拓宽到了外太空，忙着计划在 2025 年将人类送上火星，并在火星上建造一个能自给自足、可持续发展的人类火星城市。他要拓宽人类的未来，要让人类从“单一星球物种”转变为“多星球物种”，而且目的地不仅是火星，未来还要到达其他星球。很多人说，在打破边界的颠覆力上，马斯克远远超过了乔布斯。

马斯克的人生可谓堪比好莱坞大片。他不是在破除边界，就是在破除边界的路上。技术、市场、融资，各个领域他都能做得卓然出色。他不仅打破了“一生只做一件事”的心灵鸡汤，甚至“每隔两三年，就做了一件大事”。他认为，努力拓宽人类的能力边界和生存边界，是他人生最大的目标和意义。

马斯克常说，“只要你开始做了，一切都不难了”。只要我们踏出拓宽边界的那一步，新的机会和新的机遇就会随之而来。

在 1492 年之前，人们的认知里，地球上只有欧亚大陆这一块陆地，所以当哥伦布带着新大陆的发现回到西班牙时，世界为之沸腾，国王嘉奖、各方赞誉纷至沓来。但也有很多质疑之声，尤其是很多贵族表示，又不是哥伦布发明了美洲大陆，他只是碰巧发现了，要是换了别人也一样能找到。质疑声越来越大，甚至在一次盛大宴会上，他们还当面嘲讽哥伦布。哥伦布并未表现得很气恼，只是拿起一枚鸡蛋问道：“谁能把这枚鸡蛋立在桌子上？”

所有人都试了一番，无人能做到。哥伦布拿起鸡蛋，朝下轻轻一磕，鸡蛋立了起来。他说：“是的，发现美洲大陆确实不难，就像立这枚鸡蛋一样。但是，在我立起来之前，你们谁又做到了呢？”

很多时候，打破边界、革新认知并非难事，难的是有没有去做，有没有开始尝试。

在人的惯常认知里，当遇到某一件事情的时候，最先采用的就是过往的经验，这是一种非常有效的方式，也是人的本能。但是，当这个领域已经饱和，且面临新困境的时候，若还是固守着原来的经验，一直在这一个领域里面打转，那面临的只有失败。我们只有勇于拓宽边界，才能将很多不可能变成可能，才能发现自己的新大陆。

打破联想壁垒

弗朗斯·约翰松在《思维不设限》中说道：“人的大脑是由一条联想链条组成的。仅仅听得一词，见到一物，便会牵动整个联想思维链条。而这些思维链条往往会集中在同我们自身经验有关的领域中。”在约翰松看来，大部人都有一个认知惯性，即遇到问题或新事物时，会本能地用已有的知识去解释，总试图将事物拉进自己的熟悉领域。但这个认知惯性却造成了大脑的联想壁垒。

创造力问题的先驱 J.P. 吉尔福德做过这样一个试验，他召集了一些被试者，提出了一个问题：“看到‘脚’这个词，你会想到什么？”

被试者中 86% 的人首先想到的答案是“鞋”，其次是“手”“脚趾”“腿”，只有极少数人想到了特别的词语：老鼠、雪、物理学、帽子。根据试验结果，吉尔福德得出结论，大多数人的联想壁垒较高，因此答案与“脚”比较相近，而那些联想壁垒较低的人，他们的想法更加跳脱，思维更加开阔，更容易产生不同寻常的想法，答案看似更远，实则更有创意。

吉尔福德提到的联想壁垒，可以看作是以往经验带来的限制，虽然自己熟悉的经验和认知能帮助我们快速找到问题的解决办法，但限制我们思维发散的往往也是这些旧的认知。

在《这样读书就够了》一书中提到过一个故事：老人第一次吃比萨，很不以为然，“这不就是家里那种肉盖大饼嘛！这跟肉夹馍很像啊！”这就是用“旧知（大饼）”来理解“新知（比萨）”，必然会出现认知偏差，原因就在于固有的联想壁垒。

通常来说，拥有的知识决定了联想壁垒的高低。知识单薄，联想时只能从有限的认知出发，壁垒自然高；而丰富的知识可以拓宽认知边界，人在面对问题时思维发散的角度更多、更广阔，想法也就更加新颖、有创意。

显然，马斯克就是联想壁垒极低的人。

提到宇宙中的太空飞船，你能联想到地面上的汽车吗？

大多数人应该都无法将二者联系起来，马斯克却将二者结合在了一起。SpaceX 的第二代“龙飞船”，内部不像以往的飞船那样狭窄，设有 7 个座位。马斯克说，他想给“龙飞船”赋予类似 Model S 的外观。于是，在“龙飞船”内部，当坐在中间机长座位的人按下解锁键时，主控制台就会优雅地徐徐落下，这个控制台由 4 块与特斯拉 Model S 相同的屏幕组成，加之飞船内部使用的材质明亮且带有金属感，故意裸露出来的铝格栅为飞船增加许多炫酷感。很多人感叹，终于诞生了一款符合科学家和科幻电影爱好者梦想的飞船。

通常来说，产生联想的领域相隔得越远，产生的创意也就越有新意。

弗朗斯·约翰松曾经在第五大道上看见一家名为“奇美拉”的服装店。奇美拉是古希腊神话中的怪兽，狮头羊身蛇尾，这家店也如店名一般别具一格，每件衣服都很特别，其中一件衬衫看起来像是美国西部女衬衫与日本女式和服的融合体。店主伊冯娜·朱说，她喜欢服装设计，也经常环游世界，每到一个地方她都会研究当地的民族特色服饰，然后将各地不同的风格融合创新，店中服装就是用这些灵感设计出来的。

所以说，不管是走在科技尖端的宇宙飞船，还是一件日常服装，想要有不一样的特色亮点，都需要来自不同领域的联想，如此才能有更多的创新。

现在很多行业已经不再是单一业态，也是多个领域联合，开始向混合业态发展。书店和咖啡厅结合、电竞和酒店结合、博物馆和化妆品结合……不同行业相互联动，混搭出新模式，焕发出新活力。

那么，如何降低甚至是打破联想壁垒呢？

首先，掌握大量的知识，激发联想。我们只有学习到不同文化、不同领域的知识和经验之后，思维才能变得更加开阔，才不会被单一的认知禁锢。丰富的知识是联想的基础，只有积累了一定的知识厚度，才能在不同的知识间激发联想、发现联系，从而闪现出新的想法。马斯克的专业知识覆盖了火箭、太阳动力能源、人工智能、物理学、工程学等众多学科领域，正是这些丰富的知识赋予了他天马行空的想象力和创造力。

其次，摆脱经验束缚，力求多角度思考。马斯克说，大多数人在学习新知识和新事物，习惯于通过观察案例来归纳规律，甚至与既有的知识相验证，这样得出的结论是狭隘甚至是不准确的。因此，当我们接触一个新领域时，不应该只寻求经验的帮助，或只从一个角度思考，而是应该从不同的角度去思考，挖掘不同的方法，然后对比分析每一个角度和方法，最终找出事物的本质规律，以此激发创意。

跨越多领域，助力创新

同一领域里，知识是既定的，思维是单向的，因此很难出现突破性创新。要想实现突破，只有破除边界，从其他领域寻找灵感。我们能了解、掌握的领域越多，获得启发的途径就会越多，创新灵感也会越多。此外，跨领域创新不仅需要掌握大量的知识，培养多元化思维模式，还要擅长和不同类型的群体打交道。

乔布斯就非常善于从不同领域寻找灵感。1977 年，在西海岸计算机展览会上，史蒂夫·沃兹尼亚克和史蒂夫·乔布斯展示了微型计算机 Apple II。这款电脑不仅是苹果公司第一款在大众消费市场推出的个人电脑，它也以其与众不同的外观和内置，开启了个人电脑的革命。而这款电脑外观设计的灵感却来自一台厨房里的食品加工机。

在当时，电脑的机箱几乎都是铁制或木制的，笨重且单调。乔布斯认为一台好的个人电脑一定要有一个炫酷的机箱。但他找了很久都没有灵感。偶然一次，他路过梅西百货，看到了厨艺公司 Cuisinart 的食品加工机，这台机器的外壳是塑料的，触感光滑，还有着柔和的色彩和漂亮的印花。这让乔布斯大受启发，他决定苹果的机箱也用塑料来制造。这个创意大获成功，Apple II 脱颖而出。

对大多数人来说，想改进某一事物，通常就是在该事物所在的领域进行钻研。乔布斯想改进计算机，若只在计算机领域寻找方案，那他一定会失败，因为思想是禁锢的。只有形成发散性思维，跨领域寻找方案，才能产生让人眼前一亮的创新。

乔布斯对产品美学的坚持达到了偏执的地步，他要求苹果的产品都应该是艺术品。因此，他不仅自己保持多元化的学习，还经常带着团队成员一起去看艺术展，以激发创造力。在苹果的工程师队伍里，不只有计算机专家，还有音乐家、艺术家、历史学家等。乔布斯认为，来自多领域的成员在一起碰撞，更有可能出现独特的想法。

同样地，马斯克虽然从内而外都散发着工程师和物理学家的严谨气质，但其实，马斯克还是一名设计专家。通过大量的阅读和学习，他入门了设计学。他本身就有很强的视觉感、超群的记忆力，脑海里存储了大量的好设计，随时都能抽调出来为己所用。他的理性判断思维为视觉积累提供了独特的角度，从而让他的整体艺术鉴赏能力迅速提升，同时，他也在不断训练自己将抽象视觉具化为语言的能力。

在这样的学习和训练下，马斯克在产品设计上更加游刃有余，这些艺术领域的学习让他更加了解消费者的心理，让他能像乔布斯一样，对产品的把控更加精准，甚至让他比消费者都更清楚自己想要的，比如特斯拉的触屏操控系统、Model S 的自动感应门把手、Model X 的鹰翼门等——每项创新的出现都能成为舆论的焦点，吸引大众的眼球。

音乐家舒曼说："要留神细听所有的民歌，因为它们是最优美的旋律的宝库，它们会打开你的眼界，使你注意到各种不同的民族性格。"这句话也可以延伸到所有知识领域，要将眼界放宽，多领域学习和思考，使我们的思维更加活跃，不再局限于眼前所知，积极去探索未知，如此，不同凡响的创意也就触手可及了。

将偏见认知变成启发

无论人们对埃隆·马斯克的评价差异有多大，但有一点毋庸置疑，那就是在工程和创新方面，他总能完成别人几乎不可能完成的事情。

马斯克认为，创新的第一要义是保持思维清晰。但心理学研究发现，由于我们的大脑中存在许多固有的错误和偏见，我们很容易变得情绪化，被感性裹挟，害怕别人的评价，很容易在情绪的激动中失去理性的判断，很容易思维混乱不清，难以保持头脑的清醒。

看到此，想必不少人会想，若我们从小就能认识到这些错误和偏见，长大后的思维会不会更像马斯克一些?

马斯克似乎也是这么认为的。2021 年 12 月 19 日，马斯克在推特上发了一条博文，包含有 50 张配有文字的图片，并说“(这 50 种认知偏见) 应该在人年轻的时候就教给他”。他在博文中列出了所有人都应该警惕的 50 种常见思维偏见、思维错误和非理性思维倾向，比如：基本归因错误、自我服务偏差、组内偏爱、从众效应、群体思维，等等。

在马斯克看来，学习和认识这些认知偏见，可以让我们更好地识别工作、生活中的真相，更加客观、理性地看待事物，保持良好的心态。

认知很容易被偏见操控

斯坦福大学著名心理学教授珍妮弗·埃伯哈特，在《偏见》一书中写道："我们可能会认为自己一向平等待人，但事实并非如此。隐性偏见会塑造我们每天的所见、所想、所感、所记，甚至影响我们的日常行为。"

约夏·贝尔是美国最好的小提琴演奏家之一，媒体称赞他是"古典音乐超级巨星""帕格尼尼重生"。他使用的小提琴很名贵，是一把价值 350 万美元的斯特拉迪瓦里名琴。约夏·贝尔平时在剧院演出，场场爆满，最低票价 320 美元一张，即便如此也经常一票难求。

《华盛顿邮报》策划过一个社会实验，他们请约夏·贝尔扮成街头艺人，在华盛顿特区朗方广场地铁站入口处，用他那把名贵的小提琴演奏。

实验开始前，《华盛顿邮报》的编辑们非常紧张，华盛顿地铁站的人流量非常大，约夏·贝尔又那么有名，他们担心万一围观的人越来越多，引起交通堵塞和骚乱怎么办。编辑们很焦虑，甚至开始构想如何应对骚乱和暴动。

美国国家交响乐团指挥史拉特金说："即使没被认出来，而被当成一般街头艺人——但他真的够好，所以我不认为人们不会注意到他。"

他推测，在1000人里，至少有75~100人停下脚步聆听，在实验结束时约夏・贝尔应该至少有150美元的收入。

然而事实却是，约夏・贝尔演奏了45分钟，大约有2000人经过，7个人停下来听了一会儿，25个人给了钱，合计7.17美元，大部分人给的是25美分的硬币，有人甚至只给了1美分。要知道在平时，约夏・贝尔1分钟的演奏酬劳就要1000美元。

同样的演奏家，同样的小提琴，演奏的是同样的曲子，为何结果却有如此天壤之别？

是地铁的人流质量不行，不懂得欣赏吗？

不是，朗方广场地铁站可不是在远郊，它位于华盛顿的核心，出入的人基本都是中产阶层的公务员，有着良好的教育和音乐修养，很多人都在剧院听过演出。

所以，原因就在于环境的不同。在大多数看来，在剧院演出的自然是名师大家，在地铁站演奏的就是落魄的小提琴手。这就是人们的偏见，它操控着人们的认知。

人们很容易被偏见操控，一旦认知被偏见主导，理性悄然退后，即使曾经花高价在剧院听过约夏・贝尔的演奏，也会下意识地做出非理性判断，大师就在眼前也视若无睹。

偏见无处不在。人对自己、对他人都有偏见。只不过很多时候，对自己是过度自信，认为自己是个公正客观的人，而对他人很多时候却是锚定偏见，比如常见的“以貌取人”。

嘉士伯啤酒公司曾邀请一些情侣看电影，当这些毫无戒心的情侣达到电影院时，很多都被眼前的景象惊呆了：影院里坐得满满当当，只剩中间两个座位空着。更让他们震惊的是，空座周围坐的都是看起来不太好惹的壮汉——他们穿着背心或短袖 T 恤，露着胳膊上的刺青，一脸凶神恶煞。很多情侣都害怕地逃走了，只有少数情侣选择留下来，而当他们坐下来时，周围的壮汉都会起来欢呼，并送上免费的嘉士伯啤酒，祝贺他们通过测试。

这就是典型的偏见操控了认知。我们总以为自己是公平的，不会以貌取人，可我们也经常在不知不觉中被偏见支配。因此，我们要吸纳足够多的知识，扩展我们的知识领域，让认知回归理性，谨慎防止被感性和偏见操纵。

认知有惰性

心理学家阿希进行过一个著名的从众实验，这个实验甚至可以让你自愿说出错误的答案，比如 1+1=3。阿希教授选择了几组实验对象，每组 7 人，其中只有一个人是真正的受试者，其他人都是演员。实验中，所有受试者需要判断不同图片中的三条线里的哪条与参照的标准线不同，回答的顺序是演员们先回答，真正的受试者最后回答。刚开始所有人都回答的是正确答案，从第三轮开始，演员们统一口径开始回答错误答案，这时那些真正的受试者中，有些人虽犹豫，但仍坚持正确答案。

但第四轮之后，很多受试者放弃了自己的想法，选择了与演员们一样的错误答案。当然也有受试者坚持正确答案到最后，但期间也明显可见地产生了自我怀疑的压力。

实验结果发现，37% 的人选择遵从他人的错误答案，75% 的人至少选择了一次从众，只有不到 20% 的人始终坚持了自我。

人们之所以很容易从众，除了社会心理的影响外，认知有惰性也起到了很大的作用。当遇到一个问题，已经有人给出了答案时，很多人便倾向于直接采用他人的答案，而不去思考这个答案是否正确、合理。尤其当对方是权威人物时，更容易产生盲目跟从。

NASA 为火箭专门设计了一套复杂的编程语言，因此当其他人编写火箭芯片程序时，自然会将这套语言当作正确的选择。在硬件上，NASA 采用的是贵族宇航级器件，价格昂贵，发射一次火箭的芯片组成本约 1938.2 万美元。即便这么昂贵，但很多后来者仍然自然而然地按照这个标准走，他们认为跟着 NASA 走最起码不会错。这就是认知惰性。

但马斯克摒弃了 NASA 那套复杂的编程语言，直接用 C++ 和 Python 这种身边最“接地气”的代码，用一台普通的电脑就可以编写出来。在硬件上，SpaceX 也选择了普通的 Intel X86 双核处理器，售价仅六七十美元。计算下来，SpaceX 火箭的芯片组仅需花费约 3600 美元，比 NASA 足足降低了 5384 倍。成本相差如此之大，让整个科技圈都沸腾了，所有人都惊叹不已。原来，多探索一些，差距就可以这么大。

吴伯凡在《认知方法论》中说道：“你在某一个地方获得了近似特异

功能的认知能力的同时，也导致了很多你不知道的盲区。这种状况常常让你用熟悉擅长的方法去解决你并不熟悉和擅长的问题，也就是我们通常说的‘手里拿着一把钉锤，看什么都是钉子’。”

在认知惰性的主导下，哪些信息容易获取和联想，人们就倾向于根据哪些信息作出判断，这会让我们的认知盲区越来越大，对世界的认知就只能局限于“主观臆想”，而做不到“客观判断”。

最为经典的认知盲区或许要数人们对汽车和飞机危险性的判断。在很多人看来，开汽车比坐飞机要安全，汽车出事还有生还的希望，飞机出事必死无疑。

然而，实际却并非如此。研究表明，飞机是世界上最安全的交通工具，飞机的事故率低于所有交通工具。

首先，飞机本身对于质量和安全检测等都非常严格，飞行员也必须是万里挑一、技术过硬、心理素质极好的人才能担任，都具有紧急处理问题的能力。

与此相比，汽车事故率实际上要高得多，酒后驾驶、疲劳驾驶以及驾驶技术不过关、心理素质差等因素都有可能造成重大交通事故。

人们之所以认为坐飞机很危险，是因为空难事故因其特殊性，生还者非常少，社会关注度更高，更容易让人刻骨铭心。

其实，我们之所以容易沉溺于认知惰性，关键在于，我们容易被可得性启发带偏思路。

你是否有过这样的经历：昨天刚知道了一个新词，今天它便出现在你面前；或者是刚听说了某件事，随后就被他人再次提起？

这一切仅仅只是巧合吗？不，你之所以会遇见这些“巧合”，也是因为你出现了“可得性启发”，即某些事件的发生给你留下了深刻印象，你在接下来的一段时间内就会对它们保持更高水平的注意，提取相关记忆也变得很容易，这就导致当类似事件再次发生时，你第一时间便会发现它。同时，可得性启发也会进一步加深从众心理。

马斯克说：“在很多大公司里，流程变成思维的替代品。公司鼓励你像复杂机器中的一颗螺丝钉一样做事，坦率地说，它能让你留住那些不那么聪明、不那么有创造力的人。”

同样地，如果我们懒于提升自己的认知，任由“可得性启发”摆布，跟随大流，从众盲目，那么，我们就会成为那些不怎么聪明、不那么有创造力的人。

深度思考，将偏见变成启发

马斯克认为，消除偏见，甚至从偏见中获取启发的方式就是，通过深度思考建立一个反馈机制。他说：“建立一个反馈回路，不断思考你做过的事以及如何做得更好是很重要的。我认为最好的建议是：不断地思考该如何做得更好，要善于怀疑自己。最好创建一个非常准确的心理模型，当我对某件事有一个错误观点的时候，或者有一个细微的地方可以改进的时候，我会说，我以前想的这件事后来证明是错了，谢天谢地我不再有这个错误的信念了。”

在马斯克看来，不断地进行深度思考，才能具备超强的系统观察视角。“我向 30 多家公司投资。当首席执行官自己暴露出问题后，公司通常会失败。技术、竞争、客户都不断改变。但是我们有一个认识上的偏差，总是认为我们投入最多时间的活动才是最好的活动。错误在哪儿？最重要的就是不断质疑这种基于进化的认知偏见，模仿站在局外人的角度来审视。如果没有这种审视，企业可能会失败。如果你无法获得自己的反馈，那么就寻找你信任的人、负责任的伙伴，询问他们：我在选择自己的人生吗？当你找到一个或一群人时，选择其中志同道合的人，并一起探讨如何选择自己的人生。”

我们每个人都有一种本能存在的思维形式——直觉，即没有经过分析推理的直观感觉。因为没有经过分析推理，单凭感觉的话，直觉是不理性且不客观的，这个时候，直觉往往会产生偏见。而偏见会进一步促使一个人用自己的直觉去替代、概括事实本身。

罗伯特·戈伊祖塔是 20 世纪八九十年代可口可乐的 CEO，在他的领导下可口可乐打开了全球市场，但也是在他领导下，差点葬送了可口可乐。

戈伊祖塔走马上任时，可口可乐已经不在巅峰，百事可乐风头正盛，在美国各地开展“可乐饮料口味挑战盲测”，然后不断宣扬百事可乐的口味更好，更被年轻人喜爱。

戈伊祖塔有些着急。他觉得，可口可乐一直坚持的“配方神圣且不可改变”的战略是一种顽固的偏见，时代在变，可口可乐也应该紧跟时代潮流。于是，他发起了“堪萨斯项目”，针对“是否愿意接受新可乐”在十大城市开展了消费者调研。调研显示，有一半的消费者表示愿意尝试新可乐。

这给了戈伊祖塔极大的信心，通过 4 年的努力，戈伊祖塔推出了他非常满意的全新口味可口可乐，口感更柔、口味更甜。

为了万无一失，新可口可乐经过了 19000 千次的口味盲测，结果都显示，新可口可乐的受欢迎程度不仅超过了老可口可乐，更超过了百事可乐。

戈伊祖塔觉得，大展宏图的时候到了。1985 年 4 月 23 日，戈伊祖塔召开了盛大的发布会，700 多名记者和摄影师到场，让 81% 的美国人在 24 小时之内知道了可口可乐换了新配方，变成新口味。据说，70% 的美国人立即去品尝了新可乐。

然而，戈伊祖塔没有等来市场的赞美，而是收到了成千上万的抗议和指责：“可口可乐背叛了我们。”百事可乐幸灾乐祸地说，既然新可口可乐的口味这么像百事可乐，那还不如大家都直接喝百事可乐好了。随后百事可乐还宣布 4 月 23 日为公司假日，直接给了戈伊祖塔一记暴击。

颓丧的戈伊祖塔躲到了摩纳哥，在一家餐厅吃饭时，服务员神秘地说会给他带来“一样令人终生难忘的东西”。戈伊祖塔不以为意，然而当服务员拿来一瓶老口味的可口可乐时，他呆住了，他意识到，他对可口可乐口味的直觉判断是错的，也差点犯了一个不可饶恕的错误。

好在，仍有弥补的机会。既然一切的源头在于他对可口可乐不变配方的偏见，那他就从偏见源头开始追溯，深度思考。

从源头开始追溯，通常有两个方向：向上和向下。向下，是从消费者角度不断追问；向上，是从品牌的角度追问。

戈伊祖塔首先开始向下思考，重新思考当初的消费调查。他从两个问题入手：

第一，当初的消费调研主题是什么？有纰漏吗？

当初的主题是“是否愿意接受新可乐”，这里就存在一个漏洞。调研的目的是，新可乐是否要取代老可乐。但参与调研的消费者的理解是，可口可乐要新增一种口味。“增加”和“取代”是完全不同的意思，人们对额外增加的事物通常都会持有一定的宽容态度，但对用新事物取代原来的事物，则会产生很多抵触和反对心理。比如说，你让中国人品尝马提尼，也许很多人会说好喝，但你让他们用马提尼取代二锅头，肯定会遭到强烈的反对。

所以，这个疏忽直接导致了这次消费者调研的结果其实是非常片面的。

第二，参与调研的消费者真的具有代表性吗？

第二次世界大战时，美国军方为了降低轰炸机被炮火击落的概率，请来了统计学教授沃德，希望他能根据以往轰炸机遭受攻击后的数据，给出应该加强飞机哪部分防御的建议。沃德统计数据后发现，机翼被击中的次数最多，机尾被击中的次数最少。因此他提议，“我们应该强化机尾的防护”。

军方很不解，不应该是保护被击中次数更多的机翼吗？沃德教授解释说，统计数据都是来自幸存的轰炸机，它们虽然机翼受损，但依然能返航，说明机翼受损并不致命。而且它们还有个共同点，那就是机尾受损少，甚至是完好的。而统计数据中显示机尾被击中的次数少，是因为机尾被击中的飞机没能回来。这就是幸存者偏差，未幸存者未能发声，而未幸存者才是关键因素，也就是沃德教授说的“看不见的弹痕最致命”。

在戈伊祖塔组织的这次消费者调研中也出现了这样的“幸存者偏差”。对于对可乐忠诚度高的消费者来说，他们并不希望口味改变，因此，他们通常会无视这样的调研，不会参加答卷。但其实，忠诚度高的消费者才是企业需要重点关注的对象，他们就是那些“没能回来的飞机”，但显然，戈伊祖塔忽略了这一点。

这两个关键点的疏忽，再加上戈伊祖塔当时内心深处已经倾向于改变配方，因此当调研结果与内心期待的方向一致时，他便没有再进行更深入的验证。

这也告诉我们，面对调查结果先不要着急下结论，尤其是当结果与自己的预想一致时，更要保持谨慎，要不断追问，多问几次“为什么”。

在现在这个信息爆棚的时代，很多信息都带有强烈的引导性和煽动性。所以，我们要设法不被信息主导，如果一直被信息引导着下结论，那么思考会越来越肤浅，大脑最终也会丧失主见，只会人云亦云，被信息、被别人牵着鼻子走。戈伊祖塔刚开始就是被百事可乐的各种言论唬住了，百事可乐大肆宣扬年轻人喝百事可乐，老一代才喝可口可乐，所以戈伊祖塔才迫切想改变口味来迎合年轻的消费者。

所以，除了向下思考，更要积极地往上想，向上推，追溯历史。比如，看到这个调查结果的时候，在我们相信之前，问问自己，一直以来都是这样吗？在过去有什么不同吗？如果历史上有不同的话，是什么原因？这样追溯历史的过程，能帮助我们更好地找到问题的本源。

戈伊祖塔也开始向上思考：可口可乐吸引消费者的到底是什么？

可口可乐公司的第二任 CEO 罗伯特·伍德鲁夫有句名言："即使可口可乐公司在全球的生产工厂一夜之间被大火烧毁，只要可口可乐的品牌在，很快就可以重建可口可乐新的王国。"之所以有这样强大的自信，是因为可口可乐已经将"正宗经典"的品牌灵魂根植到了消费者心中。灵魂不灭，品牌不倒。这也就是为什么改变口味后消费者愤怒地指责可口可乐背叛。

在不断的追溯过程中，戈伊祖塔终于明白，那个属于可口可乐的独特的口味才是可口可乐的关键，而经过 100 多年的沉淀，可口可乐已经成了一种文化标签，是消费者的情感的代表。

找到问题的本源后，戈伊祖塔也非常坦荡地高调承认了自己的错误，并宣布经典可口可乐重新回归。

深度思考的能力非常重要，它会让我们减少偏见，形成自己的观点。而拥有自己的思考和观点，是我们走向世界的最佳捷径。同时，在深度思考下，要保持多角度的思考，就要我们扩大思维视角，保持开放。正所谓，越深度，越开放。

另外重要的一点是，要将偏见变成启发，就要敢于推翻自己，连续追问为什么，理清事实真相，寻找问题的根本原因。戈伊祖塔就有这样的魄力，他能及时地自我否定，并实现自我修正。这样的能力非常可贵，也正因如此，即便他开始犯了错误，但修正之后他仍能带领着可口可乐进军全球，自己也成为那个时代最卓越的企业家。

学习不是简单的知识叠加，而是认知和思维模型的改变，要想减少自身的盲点，激发自身的潜能，首先就是要提升自身的认知，扩大认知领域。在不妄下结论的前提下，多方面验证可能性，大胆假设，小心求证。

把不确定性变成确定性的一个方法，是个人见识的提升和能力的成长。未来，人与人之间最大的竞争力就在于知识的创造力，那么，如何做到将多个领域的知识真正转化为自身能力且可以实现创新呢?

第6章

马斯克的创造——学习迁移，扩大适配领域

2016年6月SpaceX的“猎鹰”9号火箭回收失败，4次失败之后终获成功。对马斯克来说，所有的问题背后的因素都不是单一的，只有通过知识的混合迁移，从各种角度汲取灵感，才能发现解决问题的突破口。

海量阅读
与优秀者同行
坚持第一性原理
跨领域学习
学习迁移

马斯克的跨领域学习，让他的知识覆盖了物理、工程、经济、商业、哲学等，但这些庞杂丰富的知识是如何真正地为他所用的呢？

秘诀在于马斯克的另一项学习特长——学习迁移。

“学习迁移”的意思是一个人将自己在某处学到的知识应用于其他地方。当我们将从学校或书本中学到的知识应用于现实世界，我们就是在运用“学习迁移”这一技能。同理，当我们能将某一领域的知识应用于其他领域，我们也在“学习转移”。

多领域知识看起来不相关，但马斯克能从第一性原理思考，不断深化，发掘知识的本质，看到各领域之间的共同之处，如同一个独特的两步法的机器，运用“学习转移”将不同的知识跨领域使用，并在新领域中重构基础原理，快速决策。

爱因斯坦说:“想象力比知识更重要，但知识是想象力的基础。”大量的知识是激发创新想象力的基础，而学习迁移使各学科连接起来，让思维更加开阔，让想象变成现实。比如德国数学家黎曼通过对空间与几何的深入研究，创立了黎曼几何。很多科学家尤其是物理学家认为黎曼几何没有实用价值，但是爱因斯坦却敏锐地意识到，黎曼的非欧几何可以成为一种全新重力理论的基础，也就是物质可以扭曲时间和空间，后来这项洞见成为相对论的基础。

跨领域学习是让我们花时间学习不同领域的核心概念，学习迁移则是要我们把习得的知识和概念相互联系，并能运用到日常生活和真实世界中去，而当我们养成这样的学习习惯时会发现，不仅不同领域间的迁移将变得更简单而快捷，而且新的视野、新的内容也将随之而来。

知识与知识的连接

马斯克的阅读量很大，但他书单上的很多书，大部分人都读过，他喜欢的很多书也不是生僻的，反而很多都是畅销书。由此可见，书单本身并不能造成知识体系的差异，可是为什么马斯克能在这些书籍中发现充满洞见且具有启发性的知识，而我们却不能？

甚至我们经常还会有这样的疑惑：看了很多书，也听了许多课，参加了许多培训，可为何遇到问题仍然找不到解决方案？

这是因为，问题的构成是复杂多元的，我们没能将各种知识连接起来。

知识的混合迁移

在人们的传统观念中，科技会随着时间自动升级，但马斯克认为并不是这样，太空产业在过去的 50 年内就没有真正进步，比如火箭技术，甚至随着时间推移变得更加糟糕。他说："1969 年，我们就可以登上月球，之后空间站只能把人送上近地轨道，再之后空间站都退休了。"

在马斯克看来，航空公司之间缺少竞争，大型航空公司想做的只是让那些陈旧的科技每年改进那么一点点，没有兴趣做彻底的创新，因此，它们发射的火箭虽然精良，但价格也很昂贵。马斯克认为，代步不是必须要法拉利，本田雅阁也能满足大多数人的日常需求。所以，造价更便宜的火箭会更有市场。那要如何实现这个目标呢？

马斯克的方法就是知识混合迁移。他经营 SpaceX 时不只是关注火箭相关的知识，他还充分利用自己曾经在硅谷学到的新技术，以及计算机科学、材料科学等，不仅让 SpaceX 高效地运转起来，而且规避了其他航空公司那样的浪费和成本超支。当时发射一枚 550 磅载荷火箭的成本至少需要 3000 万美元，但是，在马斯克的预算中，SpaceX 的第一枚火箭"猎鹰"1 号将能够搭载 1400 磅的载荷，而花费只需要 690 万美元。

所有问题背后的因素都不是单一的。知识可以在不同领域之间相互迁移，方法也可以根据需要迁移，知识的混合迁移不仅可以运用于发射火箭、科技创新等这样宏大的项目，对于我们人生中很多的小命题也是极为有效的。

比如，个人职场困境综合来看就是个人因素和公司因素相互影响的结果。个人因素包括：个人能力状态影响和生活状态影响；公司因素包括：市场影响因素、公司调整因素等。职场瓶颈基本上都可以从这其中的一个或者多个因素中找到原因。而将这些因素单个拿出来分析的话，都是需要某一方面的知识才能解决的，更何况几个因素交织在一起，因此，虽然我们也能通过学习某一方面的知识来提高某一项能力，但要想实现突破，这是远远不够的，比如为了加强自己的设计能力，学习了 Photoshop 软件，但是仍然不会做设计，因为做设计不仅需要你会使用某一软件，还需要更多其他方面，诸如美学、光学、人文甚至空间几何等方面的知识。

比如，虽然彼得·德鲁克的专业领域是管理学，在管理学上有很多独树一帜的建树，但这些成就并不是掌握管理学一门知识就能达成的，而是需要多个学科的支撑，如历史、哲学、文学、科学、社会学等。正是不同学科的交织碰撞，才让德鲁克获得了闪亮非凡的灵感。

德鲁克认为，知识与知识之间的迁移是寻找问题解决方向的最为有效的方法。比如，他认为企业管理者和球队的教练有很多相通之处，都是要带领团队获得成功。因此，他常常鼓励管理者们多向球队教练学习，去观察这些教练是如何带领团队的。多分析那些成功的教练，也许对自己团队目前存在的难题，球队教练已经总结出了行之有效的方法。

知识迁移也常常被名校推崇，被认为是将来最有竞争力的能力。《哈佛通识教育红皮书》有句名言：“教育的目的是培养完整的人（Whole Man）。”在哈佛的教育体系里，通识教育是重中之重，倡导学生们不要局限于自身领域，要将眼界打开，在多元知识中培养知识迁移能力。为此，哈佛大学每 10 年都会重新优化一下通识教育课程体系。最近一次升级是在 2019 年，相比先前的版本，通识课程从原先的 8 大领域课程变成了“4 + 3 + 1”的新课程模式——4门必修通识课程在于求“博”，3门分布式课程在于求“深”，另外1门是实证与推理课程，采用这种课程模式的目的就在于培养学生们的知识迁移能力。

古今中外的许多智者，都是在完全不同，甚至是相隔甚远的领域之间，获得了创新的灵感，从而取得非凡成就。比如“药物代谢之父”伯纳德·布罗迪就是从纺织物染色中获得了灵感，发明了可以判断血液中药物浓度的甲基橙测定技术。

不管一个人有多聪明，认知都是有边界和局限的，都可能受其专业壁垒的制约，而使前行的脚步受困，如果能学会知识迁移，以融会贯通的方式看待问题，很多毫不相干的领域之间，也许就藏着柳暗花明的路。

很多卓越的企业家都如马斯克一样推崇知识迁移。

乔布斯说：“我觉得每个人都应该学习一门编程语言。学习编程教你如何思考，就像学法律一样。学法律并不一定是为了做律师，法律可以教你一种思考方式。学习编程也是一样，我把计算机科学看成基础教育，每个人都应该花1年时间学习编程。”

乔布斯对技术充满艺术家的热爱，完美的产品是他的表达方式。他甚至说，那些管理者不仅要懂得管理，还要懂技术。这点，也是佩奇运营谷歌的原则，谷歌的管理层必须是工程师。

马斯克一直把他的管理技能归因于自己的工程师背景。在他看来，“工程师思维模式的最大优势是把每个问题视为一个系统，然后将问题从最大的阶段分解为更小的部分。”

这也是马斯克作为通才的优势，跨领域整合知识，发掘事物深层关系，在知识混合迁移下，运营一家公司就跟编写代码没有什么本质区别。

通过类比建立联系

如何通过类比建立知识之间的联系？

心理学教授基思·霍尔约克建议："人们应该常问自己以下两个问题：'它让我想到了什么？'以及'为什么会让我想到它？'"

第一，它让我想到了什么？这个问题是让我们从熟悉领域向其他领域拓展延伸。

第二，为什么会让我想到它？这个问题是让我们探寻与所联想事物之间的深层次关系。

如果我们能不断地通过这两个问题进行联想和追问，便能打破传统界限，在大脑中建立类似思维的认知习惯。

基思·霍尔约克还提出过名为"肿瘤问题"的实验。实验说："一个人的胃里长了一颗肿瘤，只能采用放射疗法。但是，如果射线太密集了，在杀死癌细胞的同时，也会破坏健康的组织；如果射线密度不够的话，虽然不会伤害健康的组织，但是也无法破坏癌细胞。怎样做才能在不破坏健康组织的同时又能杀死癌细胞呢？"

参与实验的受试者们都没能答出来。

于是霍尔约克教授给出了一个"堡垒问题"，即在一个大小为 4×4

的方格里，需要修建一些堡垒来保卫城堡。堡垒要分散开来修，且要保证各个堡垒之间的射程和射击范围能相互配合，最终覆盖方格。

有了“堡垒问题”，受试者们马上将之与肿瘤问题进行类比。固定的方格就像是固定的胃，堡垒要保住城堡就要分散开来。类比之下，射线就是堡垒，因此需要将射线打散，从不同的方向照射肿瘤细胞，这样既可以避免损害健康细胞，又可以避免因射线不够而无法破坏癌细胞。

通过实验我们可以看出，要实现知识迁移，就不能仅仅呈现解决问题的常规方法，更不能停留在事物的表象和思维的表层去思考问题。要养成求异思维，从不同角度进行思考；要具备类比与联想知识的能力，可以概括总结常规问题的解决策略；要经常分析最初想法和自身疑问的变化，对过程进行回溯和复盘。这样，通过不断进行突破常规的变式训练，我们可以对不同解决策略加深理解，从而积累解决变式问题的经验，归纳出具有普遍意义的规律和方法，最终实现高难度的知识迁移。

知识迁移三原则

通过迁移，知识的运用范围变得更广，知识的价值也更大。如果一个人可以随时实现知识迁移，他的人生也会不断实现跃迁。

那么如何才能更好地实现知识迁移呢？

第一，多做向上的提炼提问，寻找共性。

虽然各行业不同，各领域不同，但只要我们能不断进行提炼提问，就能寻找到隐藏的共性，提炼出关键词。关键词能帮助我们更好地理解和记忆知识，是进行领域迁移的基础。

比如，学习金字塔结构时，提炼出关键词“结构”。之后做企业咨询，需要梳理结构时，你就可以通过“结构”这一词，发散思维，找到金字塔结构，就可以将知识在新领域运用起来。

第二，多做系统化梳理，组织知识。

知识在进行提炼后，要围绕提炼出的主题，快速建立起背后的知识体系。将零碎的知识组织起来形成框架，成为整体，发挥其最大的价值。

比如，很多时候，我们的学习是碎片化的，知识也是不成体系的，那么如何更快地构建自己的知识体系呢？写书。书籍要求的是成体系的内容，因此写书会帮助你把碎片化的知识串联起来，把平面化的知识变成结构化的知识，在写书的过程中知识体系也就构建起来了。

第三，多做其他运用设想，场景练习。

我们在学习某一领域的知识时，一定要考虑所学的东西能不能在某个领域带来效用。提前设想知识的运用场景，会让我们在运用知识时更有针对性。

考上北大的小朱是一个数学成绩很好的文科生。高中的时候，她的数学经常考满分。而她之所以能拿满分，是因为她会认真地研究参考答案，看标准答案怎么写，然后再训练自己，规范答题步骤，所以，她的答题步骤做得特别好，很少被扣分。

相比数学，小朱的文综成绩不那么出众，文综大题常常被扣分。她想，是不是可以把学数学的方法用在文综上呢？于是，她就开始研究文综的参考答案，去总结答案的结构、表达方式、措辞用语等，进行模仿。经过这样的训练，她的文综分数一下子就提了上去。后来，她又把模仿参考答案的方法用在了语文主观题的答题上，语文成绩也获得了很明显的提升。

多情境练习，不但能帮助我们加强知识的灵活运用能力，同时也让我们的思维更加灵活，解决问题的能力得到进一步提升。

多元社会下，学习已经从最初的知识记忆，转向多学科的知识迁移。因此，我们要做的是开发我们的大脑，锻炼我们的思维，因为知识的迁移和连接是现在和未来最需要的学习能力。

多个角度获得多种创意

马斯克从来没有领域限制的观念，相反他非常擅长从多个领域、多个角度来寻找创意的灵感。比如，他就非常欣赏游戏行业，他说："在游戏中，有很多聪明的工程学人才从事着真正复杂的事情。相比大型多人在线游戏中涉及的许多算法，在航天器之间对接序列实际上相当简单。因此，我鼓励游戏业考虑帮忙制造下一代航天器和火箭。"

他想说到做到，人们在 GDC（Game Developers Conference，游戏开发者大会）上就曾多次见过 SpaceX 的招聘摊位。

他还将游戏的设计理念融入了 SpaceX"龙飞船"的设计中。传统的飞船里布满了设备仪器，操作控制繁复冗杂。"龙飞船"却采用了交互界面，让太空舱看起来就像一个电竞游戏舱。

SpaceX 飞船交互界面的设计不仅从游戏行业寻找创意，还参考了手机 APP 和电脑 Wep 的设计风格——它的 UI/UX 设计师之前的主业是手机 APP 和电脑 Web 设计，他将手机和电脑的用户界面和用户体验的设计理念融入了火箭设计中，所以才设计出如此炫酷的界面。

外行人设计火箭，在以前是完全不可能的事情。但也正因为外行人的加入，多角度智慧的碰撞，才使得 SpaceX 独树一帜。

以问题来触发知识

要更好地实现知识迁移，就需要我们能构思知识的多种用法。

这就需要我们在面对一个知识时，从两个方面思考：

第一，现象解释。这个知识能解释哪些现象？

第二，行为改进。这个知识可以改进哪方面？

以“金字塔原理”这个知识为例，简单概括一下如何思考：

第一，现象解释。当知道“金字塔原理”后，我们就能明白，为什么自己的创意很好，但是领导却不耐烦听？为什么同事的方案普普通通，却一次就过？因为，我们自己的方案的表述逻辑不清楚，而同事的方案有清晰的架构，条理明白。

第二，行为改进。这时，我们再写方案，就会采用金字塔结构，厘清思想表达的顺序，让领导能一目了然地理解方案的重点和特点。

通过这两方面的思考，我们不仅能加深知识的理解和记忆，并在大脑中构建一种“自动触发”，当之后遇到这个问题时，相应的知识马上就能跳出来。这就像老司机开车突然遇到有人横穿马路一样，不用思考他也能马上松油门踩刹车，因为大脑里已经对这个问题形成了“自动触发”。

除了以问题来触发知识记忆外，还可以采用“案例对照法”，来发掘知识的更多种用法。

一般情况下，会选取对照不同案例和对照相同案例。对照不同案例，就是从空间上对知识进行分解，因为不同的案例有着不同的视角，从而发现同一知识在不同领域不同地方的共同点和不同点。对照相同案例，则是在时间上解构知识，看同一知识在不同的时期，用法和用意上是否有改变。

总之，在学习知识时，要不断地以问题来加强知识的运用，以观察来巩固知识的理解，只有通过这样不断的练习，才能打造出我们自己独特的解读方式。

反向思考

《韩非子·说林上》记载了一个“鲁人身善织屦”的故事。

鲁国有一对夫妻，丈夫擅长做麻鞋，妻子擅长织做帽子用的白绢。两人想到越国去做生意。邻居知道后，赶忙劝阻：“越国人不穿鞋，都是光脚走路。他们也都是披散着头发，不戴帽子。你们俩的手艺到那儿根本用不上啊，去了没有出路啊。”

这位邻居就是传统的思考模式，顺着事情发展的方向思考，做生意自然是要去有需求的地方，越人不需要鞋子和帽子，肯定是不能去的。

但邻居的担忧并没有劝退鲁人，他说：“夫不用之国，可引而用之，其用益广，奈何穷也？”越人不穿鞋戴帽，可以引导他们开始穿戴，而随着穿戴鞋帽的人越来越多，对鞋帽的需求就会越来越大，如此境遇怎么会差呢？

鲁人就是反其道而行，反向思考，从一个完全不同的角度看待问题，没有需求不再是困境，而是巨大的优势。

人类根深蒂固的本能是以自我为中心，所以人们习惯以自己的视角看待问题，但自我视角是最狭隘的视角，在这个视角下，我们只能看到自己的一亩三分地。但是，当顺向思考不能解决问题的时候，我们就要学会换位思考，站在他人的角度看待问题，不要快速下结论，而是要了解和收集更多的信息，然后针对这些信息，从原理、结构、顺序等方面先进行正向梳理，然后再反向思考，也许一扇新的大门就打开了。

比如，大多数人看科技发展，考虑得更多的是科技给自身生活带来的便捷。但是，马斯克是站在更高的维度上，他考虑的是，先进的技术也是人类文明更进一步的过滤器，我们必须确保我们正在以对未来有利的方式处理着某项技术。我们必须考虑我们需要采取什么样的行动，才能有美好的未来。于是，他决定前往火星，让人类成为多星球物种，发展太空文明。

但我们的常识是，火星没有氧气，人类无法生存。马斯克说，没关系，换个角度来看，火星的大气层没有氧气，只有二氧化碳和氮气，而曾经地球的大气层也没有氧气，也主要是二氧化碳和氮气，所以，随着时间的推移，火星也许可以经历地球曾经经历的将二氧化碳转化为氧气，以及出现植物和液体海洋的过程。

而这在我们惯常的认知里，无疑是一个漫长的且不能实现的事情。马斯克认为我们可以在刚开始建立一个小的基地，种植食物，储存些水和火箭补充推进剂，从而确保火箭可以往返地球。

正向思考，火星很危险，前往火星将是一个漫长、恐怖的旅程，甚至人们会在旅程中就死掉。但反向思考，这将如马斯克所说一样，是一次伟大的冒险，火星是一个真实存在的星球，我们可以在那里创造真正的文明，这将是有史以来最令人兴奋的事情之一。

正向思考，会帮助我们发现很多已经存在的事物和真理，但反向思考，可以让思维更加开阔，让我们萌生出新的创意，促进我们开发新技术，创造从未存在的事物。

举一而后反三

“学以致用”是学习的最终目的。但很多人都有过这样的感觉，那就是“眼睛会了，手没会”，知识懂了，就是不会用。

比如，有些同学想提高写作水平，报名了写作班，上课的时候很认真，笔记做得很详细，老师提到的注意事项和写作技巧也能理解，但等再写文章时，原来写得什么样，现在还是什么样，学习前后，没有任何差别。

这就是很多人学习的状态，虽然知道了这些方法，但是自己做的时候，仍然想不起来用，还是按照原来的习惯进行内容创作。

“知道”容易，“做到”难，更难的是“会用”。

那么，如何让知识更好地运用起来呢？

孔子说：“举一隅不以三隅反，则不复也。”一个人如果知道了事物某个方面的道理，还不能触类旁通推知其他几个方面的道理，那也就不用再对他多讲啦。

让知识能更好地运用的方法就是举一反三。

第一，举一。

举一的核心就是，将这个“隅”、这个知识点，完全理解，达到熟识于心的程度。

这里，我们将知识当作火箭，像马斯克一样，先造零件，再组装。从横向和纵向两个方面来建造自己的知识火箭。

横向，即了解知识的内涵。这个内涵不仅是知识的概念定义，还有来源、背景、延伸意义；有没有相同观点，相同之处是什么；有没有相反的观点，不同之处是什么；所在领域是否还有其他知识；等等。只要是跟这个知识有关的内容都应该尽可能去了解，了解得越全面，理解得才越深刻。深刻理解是长久记忆的基础。

纵向，即了解知识的运用。知识的使用条件是什么，应用场景是什么，使用步骤是什么，有没有相关案例等，不仅要知道知识的用法，而且要趁热打铁，立即实践起来——这一点非常重要。比如当你学习了

《1 小时就懂的沟通课》，就应该马上去找不同的人，用学到的方法与他们沟通。再比如，学习了如何阅读一本书的方法后，就应该马上拿起一本书，按照学到的方法开始阅读。

横向是基础，纵向是延伸。只有打好了基础，才能延伸得更远。横向是造零件，纵向是组装，两相配合，才能造出完美火箭。

第二，反三。

在彻底了解了这一“隅”后，就要开始触类旁通，推导其他三“隅”，即将知识在其他领域进行运用，也就是知识迁移。就像 SpaceX 的 UI/UX 设计师，他的设计知识可以设计 APP，可以设计 Web 界面，还可以设计太空飞船的交互界面。一样的知识，迁移到了三个不同的领域。

再比如，学习了《金字塔原理》，了解了金字塔结构，我们可以将金字塔结构运用到写作中，运用到项目管理中，运用到设置家庭理财结构中。

如果我们能将一个知识运用到至少三个其他领域中，这个知识的技能便能更好地被我们掌握。知识迁移的领域越多，知识的价值发挥得越大。

从陌生之处着手

马斯克创立 SpaceX 之前，火箭对他来说是完全陌生的。但是，马斯克却在这些陌生之处展现出了惊人的“洞察力”，并取得了辉煌的成就。

不止马斯克，历史上很多名人的成就都源自“洞察力”的发现，而且，他们的路径也出人意料地相似——都是对大部分人视而不见的现象、嗤之以鼻的事情，或者不愿意投入思考的事情，坚持去探究、解析，不弄明白不罢休。

比如威廉·康拉德·伦琴，他在做研究时发现，使用纸板盖住阴极射线发射器，房间另一头的氰亚铂酸盐钡屏幕还是会发光。这个现象很普遍，其他很多研究者也都发现了这种现象，但是他们仅仅以“设备疏漏”等原因来敷衍解释。伦琴却认为现象背后一定有什么原因，在之后的 7 周里，这位科学家独自在实验室里埋头研究，终于发现了 X 射线，为开创医疗影像技术铺平了道路。这一发现不仅对医学诊断有重大影响，还直接影响了 20 世纪许多重大科学的发现。

因此，将知识往我们不熟悉的领域去迁移，往往能获得出乎意料的成就。

走出思维舒适区

在一次采访中，主持人问马斯克会不会什么都不做了，就闲适地在海边晒太阳。

没有人会拒绝舒适的诱惑，可马斯克拒绝了，因为“舒适”太“无聊”了。马斯克鼓励大家，尤其是年轻人，应该去冒险、去经历奋斗中的困顿和绝望，而不要在舒适区里做练习，否则会练成傻瓜。

在心理学上，“舒适区”是指“活动与行为符合人们的常规模式，能最大限度减少压力和风险的行为空间”。当人们处于舒适区时，心理安全感更强，焦虑会降低，同时压力也会慢慢缓解，并由此获得一种惬意感和幸福感。

大多数人作出重大的决定时，总是被舒适区的“可能性”的假象欺骗，但是，舒适区之外的“不可能”才是解决方案藏匿的地方。马斯克创办 SpaceX 的时候就想过，它成功的概率只有 10%；投资特斯拉时，他也明白电动车公司成功的概率是极低的，甚至做了到最后一无所有的打算。

他完全有资本在舒适区享受，但他说，做不可能的事，本身就是有趣的。他就是想让自己的大脑保持思考的状态，随时准备着击碎任何思维和概念上的框架障碍，从而让自己变得无法阻挡。

看似舒适区有诸多的好处，但是，我们已经讲过很多思维方法，所以自然不能停留在这表面上的益处。实际上，“舒适区”的副作用极大。最直接的表现就是，舒适区会让人越来越懒惰。

舒适区带来的懒惰，不仅是身体上的偷懒，更重要的是它会让我们的思维也越来越懒惰。一个人如果身体懒惰，思维仍旧勤奋，那么他的人生仍有向上的空间；若一个人身体懒惰，思维也懒惰，那这个人的人生只会向下走。人生如逆水行舟，不进则退。这就是沉迷舒适区的危害。

舒适区也有两种，一种是“真舒适”，所处的环境确实优越，人在其中，无须太努力，甚至不用努力就能生活得不错，长此以往，身在其中的人便会贪图享受，不思进取，放弃追求。相对来说，舒适区不会一直存在，如果一个人长期在舒适区躺平，那么当舒适区消失的时候，他也会因能力已消磨殆尽而被淘汰出局。

第二种是“假舒适”，当外部压力过大或者环境过于恶劣时，人往往会失去焦虑感和反抗的欲望，这个时候，人的思想就会滑入倾向于自我安慰和欺骗的“假舒适区”，虽然仍有很多需要马上处理的事情，但却消极怠慢，不再努力寻求解决之道，随之放之，最终只能让现状变得越来越糟糕。

与舒适区相对的是“焦虑区”。在心理学上，焦虑指的是“由于情绪或心理上产生了内在冲突，进而引发非理性的忧虑或恐惧感受”，能引起焦虑感觉的行为空间就是“焦虑区”。但是，与舒适区其实不舒适一样，焦虑也会有正向的作用，心理学研究表明，适度的焦虑反而能激励人们努力工作，提高工作效率，在一定程度上焦虑是治疗拖延症的良药。

没有外界压力和适度焦虑的刺激，人们就容易陷入“思维舒适区”，产生惰怠。所以说，在适度焦虑的刺激下，我们的思维才能跳出舒适区，保持活跃。

同学小欣毕业后进入了互联网大厂工作，刚进入职场的她为了能更好地胜任工作，每天都是激情洋溢，坚持看书学习提升自己。此时的小欣是处于适度的焦虑区，思维活跃，每天都在一点点地进步。

5 年过去了，小欣虽说在工作上也取得了一点成绩，但是互联网大厂的高强度的工作，企业内部极度内卷的环境，让她的压力越来越大，她开始脱发、失眠，甚至有了抑郁的倾向。这时的小欣处于过度的焦虑之中，思维已经迟钝，生活、工作都处于危机预警状态之中。

父母看小欣在大城市实在辛苦，再次劝说她回老家，并帮她找了个事业单位的清闲工作。小欣回家了。四线城市的生活节奏更慢更悠闲，新工作的工资虽然只有在大厂工资的五分之一，但没有加班，没有内卷，没有竞争。这时的小欣进入了舒适区，体会到了很久都没有感受过的惬意。

现在，小欣有了大把的时间。原来没有时间追的剧，现在随便看；原来只能偶尔刷一下视频，现在刷一上午没人管；原来办公室两个屏幕都不够用，现在办公桌上的电脑登录最多的是视频网站……这样的日子刚开始小欣很享受，时间长了，小欣也觉得空虚和无聊，为了缓解空虚，小欣又追了更多的剧，可越追心里越空，心里越空又越追。没有了外界压力的小欣，在舒适区里越来越懒惰。

有一天，小欣在朋友圈里看到昔日的同事在分享自己公司成立的喜讯。同事是和小欣一起辞职的，她说攒够了一笔钱就要去创业，做自己喜欢做的事情。看着照片里神采飞扬的同事，小欣很羡慕，看来同事的梦想实现了。她默默点了赞，突然怀念起那个加班到早上 5 点，卫生间冷水洗把脸回来继续写方案的自己。现在的生活虽然轻松，但人生也就止步于此了，小欣开始焦虑未来。她决定不再这么消沉，想起曾经的梦想是成为一名翻译家，她觉得是时候为了梦想而努力了。小欣又回到了适度焦虑的状态，她闲置了一段时间的大脑又开始运转起来。

科学发现，我们的大脑适应能力与身体的适应能力非常相似。通常情况下，如果我们经常做某些动作，那么身体就会产生肌肉记忆。同样地，如果你足够多地练习做某件事情，你的大脑也会改变某些神经元的用途，以帮助完成那件任务，这就是大脑的肌肉记忆。

所以，如果你在舒适区里偷懒，大脑会变得迟钝；若走出舒适区，不断尝试新的挑战，大脑会自动调整以适应现在的改变。所以，俗话也说："脑子越用越灵光。"

兰柏瑞说："即使不创业，也要走出舒适区，像企业家一样思考。"他很信奉乔布斯的观点"人生不该让自己安定下来"，在《意外的死理性派》中，他鼓励人们应该将思维保持开放，不要在混沌的路上走得太远。

贪恋舒适，只会摧毁我们向前的斗志，减慢我们前进的脚步。只有果断离开舒适区，进入适度的焦虑区，让大脑活跃起来，让思维开阔起来，敢于向不熟悉的领域进行知识迁移，我们才能开拓出一个新的天地。

想人所不敢想，为人所不敢为

大多数人的思维模式是：一个见都没见过的东西，怎么能让人相信？

但马斯克却不接受这样的模式。他说："100年前，没有人能想象在没有电梯管理员的情况下乘坐电梯。而现在，你很不习惯的却是乘坐一个有电梯管理员值守的电梯。"

所以，当马斯克说要在特斯拉ModelS车内嵌入一个17英寸的触摸屏时，所有人，包括特斯拉的工程师们，都觉得马斯克是异想天开，他们多次试图说服马斯克放弃这个想法。因为那时候大型触摸屏技术还未兴起，iPad也是几年后才面世，当时市场上可见到的触摸屏大多粗制滥造。但iPhone的成功让马斯克看到了触摸屏操作系统的大好前景。他鼓励团队成员们："我知道我们肯定能做到，只是花多少精力和时间的问题。"

团队成员们仍不死心，回应说："汽车产业链里面根本没有现成的产品。"

马斯克说："这我当然知道，因为压根儿就没有人想到要把触摸屏放进车里。"他相信，计算机制造商们在这些年的发展里，已经有足够的经验和技术打造出特斯拉使用的 17 英寸触屏计算机。

但是，特斯拉团队找了好几家平板电脑厂家，得到的结论都是这些电脑的耐热性和耐震度达不到行车标准。马斯克对结果很怀疑，在深入调查后他发现，所谓的达不到标准是厂家根本没有找专人进行汽车测评就直接断定他们的平板电脑不适合汽车内部环境。于是，马斯克组建了专业的测评团队，结果表明，这些电子产品不仅能经得起车内大幅度的温度变化，而且性能还非常稳定。

马斯克立即开始与制造厂展开合作。虽然这些厂家的电容式触摸技术尚不成熟，但马斯克参与其中帮他们完善了技术，马斯克还找出了把线路隐藏在屏幕背后的最佳方案，就这样，符合马斯克要求的灵敏触屏终于做出来了。马斯克兴奋地说：“我确定我们做出了世界上第一款 17 英寸触屏系统，当时没有一款电脑，包括苹果产品在内，可以实现这种规格的大屏幕触屏操作。”

在整个汽车商业，特斯拉的工程师是公认的激进派，但面对马斯克，他们仍时常被马斯克的奇思妙想震撼。很多在别人常识里不可能的事情，在马斯克看来都理所应当，而且他还要实现这些想法，并且做好。

《纽约时报》评价马斯克是“世界上最成功、最重要的企业家”。SpaceX 的投资人戴曼迪斯对此非常认同，他曾经说：“当马斯克把 Paypal 卖给 eBay 的时候，他把 1 亿多美元全都投给了特斯拉和 SpaceX，他从来不会选择最安全的路径，永远都在尝试新事物，这是他成功的原因。”

普通人总是在为某件事无法完成找借口，而马斯克直接跳过这个问题，只专注于怎么才能实现目标。

所以说，成功的第一步就是：敢想！即便最终不能实现，但突破的想象力就决定了你和平庸者的距离。

抓住毫不相干的事物之间的联系

通常来说，产品设计经常用到的思维方式有三种：直线性思维、逆向性思维以及交叉性思维。

直线性思维，也叫近似联想思维，即将性质、外形等方面有相似性的事物结合在一起，是一种重视规律性的思维方式。

逆向性思维，也称求异思维，就是从反方向思考，将性质、外形等方面有鲜明对比的事物结合在一起。

与直线性思维和逆向性思维不同，交叉性思维是将形态、性质、功能等完全不同，甚至看似没有任何联系的不同元素、不同客体、不同事物综合联系起来。因此，相比之下，交叉性思维模式最灵活，独创性也最强。

马斯克之所以总能有这些别人想不到的产品创意，关键也在于他有着强大的交叉性思维，能将看着毫不相干的事物结合起来。比如，“地图 + 黄页”的 Zip2、“互联网 + 金融”的 X.com、“汽车 + 新能源”的特斯拉。

1960 年，哈佛心理学教授斯坦利·米尔格拉姆提出“六度分隔理论”：“你和任何一个陌生人之间所间隔的人不会超过六个，也就是说，最多通过五个中间人你就能够认识任何一个陌生人。”因此，两个陌生人之间，也能建立起交叉联系。

不仅是人类社会的交叉联系，随着科技的发展，很多学科，比如物理学、生物学、计算机科学以及社会科学等之间的连接和交叉点也越来越多，崭新的科学研究共同体在不断出现。《纽约时报》外交事务专栏作者汤姆·弗里德曼说：“今天，政治学、文化、技术、金融、国防以及生态学之间的传统界限比任何时候都要更加模糊。”

在交叉思维下，两个看似毫不相关的概念也能连接在一起，那些看起来相隔甚远的事物也能产生新的形式。比如白蚁洞穴与建筑设计的结合，创造出了生物拟态建筑；互联网与吃穿住用行的结合，激发出了很多新的产业，如网约车平台、外卖平台、直播平台等。这些看似毫不相干的领域，通过交叉融合产生出新的事物和新的产业。在未来，随着各领域的融合，类似的交叉创新也一定会更加源源不断地进入我们的生活。

喜欢新鲜是人类大脑的本能，所以，当我们将一个知识或者一件事物进行多角度挖掘，向其他领域行进时，这样不仅能获得新的创意，成就感也会不断刺激大脑分泌多巴胺，让我们产生持续思考的乐趣。这对想在纵横交错的世界找寻突破点的我们来说，至关重要。

所以，当遇到一个困难，或者想在某方面进行创新时，要尽可能多地产生更多的想法，因为想法越多，越有助于找到不寻常的解决方案。而创新，很多时候并不是从无开始的，而是在已有的知识、技能、思维基础之上，重新进行交叉组合，碰撞出新的火花，并随之产生的新的模式。

做一个唱反调的人

人类的视觉智慧让我们用不同的方式看待世界。创造力始于眼睛，因此创新者们都喜爱观察，他们不仅用想法接近未来，还要看到它、设想它，并感觉到它。乔布斯喜欢观察，马斯克也是一个疯狂的观察家，他观察的是科技的未来。在科幻小说的指引下，他的信仰不是宗教而是物理学。

科幻小说对马斯克的影响根深蒂固，他对科幻小说中描述的未来有着极大的向往，这让他对现实世界应该是什么样子持有非常坚定的看法，物理学使他的愿景更加清晰可见。从大学起他就认定，能源是有限的，人类应该减少对石油的依赖，寻找和发展可持续能源，同时开拓去往多星球的道路。

马斯克想制造可重复使用的火箭，因为这样可以将火箭的成本降低两个数量级。但工程师们都认为，火箭不可能被重复使用，而且此前已经退役的航天飞机项目可以证明马斯克的想法并不可行。但是，马斯克一定要唱反调，他回到最基础的原理进行分析，表明一定要完成这一项根本性的突破。

“我觉得很显然，没有可重复使用的火箭，我们就永远不可能移民火星。就像如果在当初，每次旅程过后就把船烧了，美洲也就永远不可能被殖民。”马斯克说，由甲烷和液氧驱动的火星移民运输飞船的部分工作已经开始就位，表明可重复使用火箭是可行的。

这件别人口中都不可能实现的事情，马斯克又把它变成可能。2015年，SpaceX 就实现了火箭回收，到了 2021 年，SpaceX 发射了 31 架“猎鹰”9 号飞船和 4 艘星际飞船，在这 35 次发射中，有 30 次用的是以前使用过的火箭。

唱反调的马斯克，又创造了历史。

唱反调，更高效

马斯克是一个喜欢唱反调的人，并且热衷于要求身边的人跟他一样。他从不按惯常的套路出牌，他认为那样的效率最低。

2004 年，马斯克交给斯蒂夫・戴维斯一个任务，让他造一个可以触发平衡动作，用来控制“猎鹰”1 号飞行方向的舵机。戴维斯从来没有做过这些零部件，于是按照惯常的方法自然而然地去找了一些能制造舵机的供应商，但对方报价 12 万美元。

戴维斯没有觉得这个价格有何不妥，他上报给马斯克后，马斯克大笑起来：“那个部件还没有车库门的开关复杂，你的预算是 5000 美元，去搞定它。”

从 12 万美元到 5000 美元，戴维斯觉得这已经不是唱反调了，简直就是无稽之谈。但他仍然接下了这个任务，最终花了 9 个月的时间造出了那台舵机，而且他设计的舵机的最终成本是 3900 美元，后来也随着“猎鹰”1 号飞向了太空。

这次任务成了戴维斯最引以为傲的事情，他完成了自认为不可能完成的事情，也是其他航天公司的工程师根本不会去尝试的事情。戴维斯说，他最欣赏马斯克的就是这一点，在重大决定面前，勇于唱反调，且能迅速高效地做出正确的决定，不仅更加节约成本，也更为高效，让项目的进程大大提前。

马斯克这种唱反调的做法，激发了很多工程师的潜在能力。凯文·华生就梦想着打造一款物美价廉的计算机。他当时一直在 NASA 的 JPL 工作，虽然他已经是有着 24 年工龄的资深员工，但是 JPL 认为华生的这个构想没有意义，只要花钱购买加强版的计算机就能解决问题，即使这种计算机极为昂贵。

华生很沮丧，他离开 JPL 来到 SpaceX 面试，他对马斯克说了自己的构想，马斯克不仅表示非常赞同，而且还给出了预算——不超过 1 万美元。要知道，这种用于火箭的航天电子系统造价正常情况下都得超过 1000 万美元。华生调侃说：“在传统的航天公司，为讨论航天电子设备的会议所准备的食物花费都不止 1 万美元。”

虽然这项任务看似不可能完成，但仍激起了华生的进取心，并最终研发出了“龙飞船”完整的运算系统，且成本只是略高于1万美元。更为重要的是，“廉价”不等于质量低劣，“龙飞船”的运算系统在后期进行一些调整后用在了“猎鹰”9号上，火箭的稳定发射证明了该运算系统的高品质。

在烧钱的航天领域，马斯克总是唱反调地要求实现“廉价”，在精打细算的背后，是新技术、新思维的突破。马斯克也是在这些决定胜负之处，展现出了他非凡的判断力和商业才能。

很多时候，因为习惯，我们的思维过于局限；因为有惯性，我们的视野变得狭窄。所以，我们要时不时地唱反调，给人生道路上增加些困难，如此才能知道自己的人生到底有多少未知的可能。

破得束缚，方才进步

卢梭说：“人生而自由，却无往不在枷锁之中。”枷锁于人就是束缚，如影随形。虽然孟子说“不以规矩，不能成方圆”，但规矩若是一成不变，死板老套，那么规矩就成了束缚。当视野变得狭窄，认知变得浅薄，经验变得落后的时候，我们的脚步就会被紧紧地束缚住，对个人如此，对企业集体更是如此。

SpaceX的文化是，抛弃一切顾虑与条框，想尽一切办法，全情投入到工作中，并把事情搞定。而等待指导或者详细指示的人，以及觉得马斯克要求的项目目标无法完成的人，在那里将会举步维艰，甚至是被解雇。这种高效的文化，与 NASA 是完全不相容的。NASA 对于火箭发射有一整套严谨烦琐的流程，任何细节的调整都需要做大量的书面工作，然后上交审批。

比如，SpaceX 想替换火箭上的过滤器，也已经记录好了替换过滤器需要的所有步骤，解释了替换的原因，也将替换步骤做了演示，但 NASA 仍然需要 1 周的审查流程才能同意，要过很久 SpaceX 才能动手换上过滤器。这种拖延，让马斯克觉得非常可笑，他甚至还在一次会议中，斥责了 NASA 的一位官员。

马斯克也跟美国联邦航空局（FAA）正面较量过。他在一次会议中，将一位官员发表的愚蠢言论记录整理成一份清单，并将这份清单发给了那位官员的上司。但上司仍然袒护自己的下属，说下属致力于航天工作 20 年，负责过 20 次火箭发射等，还质问马斯克："怎么敢指责别人做错了？"马斯克毫不客气地回复说："不只是那个家伙错了，你也错了。我们希望能够改变航天产业，如果这里的规则让你裹足不前，那么你就必须打破它。"

马斯克认为，NASA 和 FAA 作为监管机构，有一个根本问题：束缚太多。"如果一个监管机构统一改变一个规则，结果出了问题，他们很可能丢掉工作。反之，如果他们因改变规则而产生了好的结果，却不会得到回报。这样就很容易理解为什么监管机构拒绝改变规则。因为，一边有重罚，另一边却没有相应的奖励。"

在 SpaceX 就没有这些规矩束缚。“猎鹰”9 号发射前几小时，突然发现软件程序中有一处错误，工程师们得知后，不到 30 分钟，便进行了修改，并测试了效果，丝毫没有耽搁火箭的发射。凯文·华生非常熟悉 NASA 的工作流程，他说：“NASA 不习惯这套做事流程，如果宇宙飞船哪里出了错，每个人都只会顺从地等待 3 周，之后再试着重新发射。”

束缚太多，只能裹步不前。马斯克的要求从来都是只考虑“实现路径”，而不是争论“是否可行”。美国航天员斯托克说：“埃隆在改变整个宇航业的商业运作模式，在保证安全性的同时降低成本。他把科技产业的优势都集中在一起了，比如开放的办公空间、畅通的沟通互动模式，而传统宇航界的做法与之截然相反，整个运作机制仿佛就是为了拟定繁复的条文和审查手续而存在的。”

以条件为限制，以框架规矩为束缚，只能故步自封，裹足不前；以目标为导向，以进步发展为动力，才能推陈出新，独树一帜。

多元思维

在特斯拉之前，传统汽车的售后服务基本是需要把车开到 4S 店里才能进行的。但特斯拉却不需要。

当特斯拉 ModelS 出现了诸如门把手不能自如地弹出、雨刷反应不灵敏等小问题时，车主们不用将车送回去，只需睡一觉。特斯拉的工程师们会趁车主睡觉时，通过网络连接到问题车辆进行软件更新，当车主醒来后，就会发现自己的ModelS已经运行正常了。

此外，特斯拉的软件技术也会时时更新，每当有新功能上线，工程师们都会及时地帮车主们更新。所以，有可能一夜之间，你的Model S增加了语音操控功能，充电速度、牵引力控制功能也变得更快更强大。在不断的软件更新下，特斯拉让汽车变成了一种能持续升级的有趣的装置。

正如Model S的早期车主之一，也是第一个破译人类DNA（脱氧核糖核酸）的科学家克雷格·文特尔所说，“Model S改变了交通的一切。它是一台在轮子上运行的计算机”。

随着科技的进步，移动互联、人工智能技术的发展，人类社会也进入了多元化发展。信息的便捷和畅通，让文化变得多元；科技的日新月异，让人们的消费变得越来越多元。在以前，人们面对一件产品的时候，主要关注的是这件产品的功能属性。比如过去买一部电话，是看它的通话质量好不好，信号强不强，电池耐不耐用等。如今买一部电话，人们注重的是外观是不是时尚，运行是不是流畅，拍照是不是强大等，反而最基本的通话功能已经不在人们的考虑范围内了。此时的人们，注重的是产品带来的情感属性。

早期的Model S很完美吗？不，相反，它还有很多缺陷，但仍挡不住文特尔的夸赞，因为Model S给了他不一样的情感体验。

所以，我们已经不能再用单一的思维去看待和思考问题，而是要从不同角度去思考问题，这样才能跳出思维桎梏，得出最精彩的创意。若是从“一部通话设备”看iPhone3，那简直是个失败的作品，信号不好，山寨机都可以用3G网络了，它却不行；但若是从“一部智能移动设备”来看，iPhone3却是一部跨时代的作品，从外观到功能都颠覆了人们的常识。

有句谚语说：“一个医生，如果他仅仅是一个好医生，那他就不可能是一个好医生。”意思是，如果一个人“仅仅”只会看病，那他就不是一个好医生，因为真的好医生，应该保持终身成长，具有多元思维，除了学习专业领域知识外，还应该学习心理学、社会学等其他领域的知识，以帮助自己更好地了解病人，判断病人的情况，做出更好的治疗对策。

问题从来都是复杂多元的，要解决它，我们也要保持自己的多元。正如查理·芒格所说：“思维模型是你大脑中做决策的工具箱。你的工具箱越多，你就越能做出最正确的决策。”

破界组合，边界外延

马斯克属于空间思维异于常人的超人，他认为只要符合物理学定律的都应该成为现实。在特斯拉电动汽车出现之前，大部分人认为电动汽车的电池实在过于昂贵，质量也太大，由于电池的限制，电动汽车行驶距离相当有限。

于是制造电动汽车的突破点转向锂离子电池技术，当时这种技术还未用于汽车，更多用在计算机和手机上。尽管价格也不低，但它有比其他电池大得多的能量密度，如果能将足够多的锂离子电池单元合并成一块电池，那就不仅能保证汽车足够的行驶里程，还能有足够的能量将电动汽车变成人们渴望得到的环保汽车。

马斯克认定这是未来的必然方向。2006 年，马斯克在特斯拉官方博客上发表了一篇博文，标题为“特斯拉汽车的秘密计划”。文章构想了特斯拉电动汽车的基本蓝图：逐步发展三代汽车，第一代为超高端跑车，然后是运动型四门家用车，最后是大众市场车。

在制造最初的特斯拉 Roadster 原型车时，马斯克亲任汽车外形的首席设计师，他审视泥塑模型的每个细节，寻找一切调整外观与功能的机会。在做决策时，他综合考虑了技术的可能性、经济实惠性、体验满意度等复杂因素。从 2010 年到 2015 年，特斯拉的汽车年产量从 800 辆增至 5 万辆。

互联网、太空探索、可持续能源——马斯克从大学时代起就立志投身于这三项促进人类未来发展的事业，而他的成功也向我们展示了破解组合创新的成就。而这也正是马斯克真正突出的地方，他打破了学术之间的界限，将复杂的物理概念与前沿的商业计划相结合，更为重要的是，他还不断践行边界外延，将一项项科研成果最终转化为了企业盈利。

从已知到未知，化未知为已知

加州大学洛杉矶分校的心理学教授基思·霍尔约克建议，人们可以经常问自己以下两个问题，来培养迁移能力：

“它让我想到了什么？”

“为什么会让我想到它？”

教授认为，通过不断追问自己这两个问题，会更容易令脑海中的知识打破传统界限，从而产生全新认知。

而这两个问题的核心是“已知”和“未知”。想到的、可以确定的，是已知；不知道的、不确定的，是未知。

从已知到未知，是迁移；将未知变成已知，是创新。比如，我们看到了小鸟、蜻蜓等动物的身体构造和飞行方式，是“已知”，我们根据这些“已知”有了飞机的构想（未知），如果构想未实现就只是知识迁移；如果飞机真正被研发制造出来，未知的构想就变成实实在在的物体，这就是创新。

创新才能创造价值，而价值的大小又取决了我们能迁移出多大的未知空间。当我们以探索未知为未来的目标，不断从已知现实学习时，最初往往会是一个个零散的想法（第一个迁移点），然后我们需要找到其中的联系（第二个迁移点），整合成存在的可能性；接着我们要探索第三个支点，继续连接，最终便能产生新的创意空间和未来。连接得越多，空间越大，未来越宽。

比如马斯克本来只需要单纯地制造一辆电动汽车，但是，他决定用马达来启动门把手，把消费类电子产品和软件结合在一起。而且，他还致力于将以太网电缆安装到特斯拉上，用来进行网络通信。马斯克的目标就是，把旧世界的制造科学和低成本的消费级技术结合起来，变成我们从未见过的新事物——“能带着你到处跑的智能终端”。这是一个巨大的飞跃，世界会由此而改变。

再比如 iPhone。在 iPhone 出现之前，美国的电信行业并不处于世界领先地位，消费者使用的都是过时的通信设备，手机和移动服务水平远远低于欧洲和亚洲。是 iPhone 的面世拯救了美国的移动通信产业。iPhone 不仅打破了很多用户已经形成的手机使用习惯，它还模仿了电脑的很多功能，比如定位功能、应用程序等，为手机带来了很多新的功能，重新定义了手机——将原来的移动电话变成智能手机。智能手机的崛起带来了巨大的产业革命，开创了新的时代。

乔布斯和马斯克都非常擅长识别并打破既有产品在使用习惯上的“已知”，他们总是能从这些已知中发现未知，然后再将这些未知变成已知，也正因为如此，他们才能创造出划时代的产品。

乔布斯之后，硅谷一直在寻找新的技术行业领军人物，马斯克是他们最心仪的人选。热销的特斯拉 Model 3 也证明了马斯克能够重新反思一个行业，读懂消费者的心思，并能将他的构想变成现实。

限制的只是每个人的认知范围

当马斯克发射火箭时，别人问他：“你认为自己可以成功吗？”

他回答：“不，我没那么认为。”回收火箭这种 99% 会失败的事，没人去做，因为所有人都怕失败，唯有马斯克。他不按照所谓失败、成功来衡量一件事的价值，而是按照物理学定律去衡量。

每一次失败，只是在增加下一次成功的概率。2016 年 6 月 15 日，SpaceX 的“猎鹰”9 号火箭回收失败，马斯克表示，“猎鹰”9 号回收失败的真正原因是 GTO 轨道太高，导致再入时燃料过早耗尽，发动机在即将着陆时停车，没能完成减速和调整。虽然这次火箭回收失败了，但是原本的发射任务还是成功完成了。同时，这次的失败也为他们提供了宝贵的数据和经验。

人类所有的创新都是站在众多失败基础之上的，在限制中失败，在失败中认知限制，然后寻找解决限制的方法。马斯克在每一次失败后，都会详细复盘和总结，然后在下一次改进，终于在 4 次失败之后，他获得了成功。

对马斯克来说，限制从来不是阻碍，而是前进道路上的攻略对象。马斯克说："小时候，我真的很怕黑。但是后来了解到，黑暗只是缺乏 400nm ~ 700nm 波长的可见光光子，我觉得因为缺乏光子而感到害怕，太愚蠢了，从此就再也不怕黑了。"你看，大多数的困难和恐惧本质上都是认知上的限制，当突破这个限制时，人也就到达了另一个境界。

对成功的人来说，限制从来不是追梦路上的绊脚石，它只是在不断地提醒你，需要更努力，做出更好的产品，才能梦想成真。限制就像一所房子，一个空间，身处其中，你要成为它的主人，而不是犯人。

现实本身因为限制而存在，计算机用数字"0"和"1"创造出另一个虚拟世界，马斯克在加州编码大会（Code Conference）上说："我们现在很可能生活在一种由计算机模拟出来的世界中。"他认为，"当前技术进步如此之快，虚拟世界与现实世界的边界很快就会被模糊。谁能知道是不是有一种先进文明正在模拟过去的时代，而我们正身处其中呢？"他还表示："生活在虚拟世界中也并不一定是一件坏事，比如人类文明因为某些原因被毁灭时，或许可以被重启"。

这就是马斯克与普通人最大的不同。普通人的认知总是会受到各种各样的限制和禁锢，但是马斯克从来不会给自己的认知设界，他的认知往往是现实混合着想象。但也正因为如此，他才能实现那些看起来不可能的疯狂目标。

清代“红顶商人”胡雪岩说：“如果你有一乡的眼光，你可以做一乡的生意；如果你有一县的眼光，你可以做一县的生意；如果你有天下的眼光，你可以做天下的生意。”所以，限制的只是我们的认知范围，我们能突破多大的限制，也就能收获多大的成就。我们常说，要把握人生中的机会，其中的关键就在于，我们能否突破认知的限制，看到机会。

以迁移拓边界

马斯克认为，未来的创新者，应该是科学家 + 哲学家 + 企业家，同时具备科学的、哲学的和商业的思考方式。

香奈儿前全球 CEO 莫林 · 希凯在《深度思考》中讲述了自己的亲身经历：

莫林 · 希凯原本在巴黎的欧莱雅核心部门工作，后来，她来到美国旧金山，加入了美国最大的服装公司盖璞。然而身为化妆品行业专家的她，第一个工作岗位竟然是“袜子和腰带管培生”。希凯对袜子销售一无所知，工作举步维艰。但不久后，她开始将自己在欧莱雅练就的能力，迁移到当前的工作中。化妆品行业独特的审美视角，让她在工作上有了起色，也重拾了以前敏锐的商业嗅觉，很快她便得到了公司的肯定。正是通过能力的不断迁移和提升，莫林·希凯成了盖璞分公司的总裁，随后她再次跨领域迁移，并成功成为香奈儿的全球CEO，“新一代香奈儿女王”。

很多时候，某领域的一技之长能给我们在这个领域带来巨大的收益。但是，一旦我们脱离那个领域，就会面临新的挑战，可如果我们有很强的可迁移能力，那么就不会再有领域的限制。因此，随着社会多元化的发展，迁移能力也将成为优秀人才最有竞争力的能力之一。

马斯克说：“我发觉自己为了实现目标，学会了任何需要学习的东西。实际上，大多数人都能做到这一点，但他们往往自我设限。人的能力比想象得要强。”在外界看来，他的能力好像没有边界，好像什么都难不倒他，而他能在各个领域随意驰骋的底气，就源于他强大的可迁移能力。在这个能力的加持下，只要他想，即便他对这个领域一无所知，他也能在最快的时间里成为专家。

正如古典在《超级个体》中所言：“人们常说隔行如隔山，其实真正相隔的，只是底层入口售票处，越往上走，运用的能力、才干都越来越接近而且越熟悉。”

将创造与生活相连

怎样才能让不同领域间的迁移变得更加简单且快捷呢?

很简单，那就是将不同领域的核心与日常生活和真实世界联系起来。如果我们可以通过日常生活启发自己，以知识迁移的萃取方式，把生活中的点点滴滴转化为自己的知识结构网络，不仅知识会变得更加有趣、有用，还能让我们进阶到一个从未到达的新领域。

从现象中抽出本质

马斯克在斯坦福大学待了 2 天就退学了，因为他不允许自己错过互联网的热潮。他搬到了硅谷，准备创业，打算征服互联网世界。

有一天，有一个黄页推销员来推销网络分类的点子。但是很明显，这个推销员对互联网的本质及如何利用互联网从事商业活动的表述很不清晰，这很大程度上是因为这个推销员自己对这些都不了解。但是，这却给了马斯克启发，他认为，这应该就是他要做的——帮企业上网。

于是，他和弟弟金博尔开始设计创建名为 Global Link 的信息网站，也就是后来著名的 Zip2。Zip2 在现在看来很平常，就是点评网站和地图的结合，但在 1995 年，这个想法是名副其实的异想天开。而这都得益于马斯克从现象中抽象出事物发展本质的能力。

马斯克的这种能力还体现在经营特斯拉上。

电动车并不是个新事物，早在 19 世纪 30 年代，电机问世后，人们就开始琢磨电动车了。1834 年便诞生了第一辆真正意义上的电动汽车，它是美国发明家托马斯・达文波特发明的。要知道，1886 年第一台内燃机汽车才问世，由此可见人们对电动车的喜爱。到 20 世纪 20 年代末，电动汽车已经非常流行了。1912 年，美国注册登记的电动汽车已有约 34000 辆。

但是，电动汽车一直有个致命伤，那就是电池的续航能力不行。因此，随着内燃机引擎的发展，燃油汽车迅速崛起，而电动车因迟迟解决不了硬伤慢慢进入了“冬眠期”。

到了 21 世纪，能源危机又再次唤醒了电动汽车。各大汽车企业也开始将电动汽车纳入战略规划，电池问题仍然悬而未决。但已经习惯了流水线生产的汽车企业，仍然沿用惯有的逻辑——电池问题自然归电池工业管，等着电池企业解决就行。

马斯克不愿意这么无限期地等待下去，他决定自己动手研究解决。在此过程中，他还一直在思考另一个问题：电动汽车与燃油汽车本质的不同是什么？可以肯定的是，发动机和燃料的不同只是表象。

他想到了10年前乔布斯推出的iPod、iPhone和iMac，这些产品之所以被称为创举，是因为它们不仅构成了一个苹果生态圈，而且让苹果生态圈变成消费者的生活方式。因此，马斯克认为，特斯拉的本质也应该是一种生活方式。

可以说，革命性创新的前提，一定是看到了别人看不到的本质，而将这种不同寻常的本质变成现实的时候，也就开创了一个新的时代。就像iPhone引领了移动互联的时代，特斯拉也引领了智慧出行的时代。

生活场景化迁移

古往今来，很多的发明创新都是由某个生活场景迁移而来的。比如，鲁班发现划破手的茅草叶子边缘有很多锯齿，以此发明了锯子；瑞士的乔治·德·梅斯特拉尔发现粘在身上的牛蒡果实上有数以百计的小钩子密密麻麻地挤在一起，因此发明了撕拉扣。

这种场景迁移不仅可以让我们用不同的方式看待问题，而且促使我们深入观察生活，停下来了解、思考。

乔布斯对经典车型的外形轮廓十分欣赏。1981年，乔布斯在思考麦金塔（Macintosh）外形时，期待设计出一个经典的外形，就像大众的甲壳虫汽车一样。

苹果的同事认为，电脑的外形应该很性感诱人，就像法拉利那样，而乔布斯则非常坚决地认为应该更像保时捷，他还把工程师带到他自己的保时捷汽车旁边。乔布斯还十分欣赏奔驰汽车的设计，“多年来，他们把汽车的线条做得更加柔和，但细节之处的用心依然清晰可见……”一次他在停车场周围散步时说：“这正是我们要在麦金塔电脑上实现的目标。”

乔布斯还非常喜欢房地产开发商约瑟夫·埃奇勒设计的房屋：落地的玻璃墙、开放式的平面设计、无遮蔽的梁柱构造、混凝土地面以及大量的滑动玻璃门。他对这些房屋的欣赏也激发了他为大众设计精良的产品的热情。“我喜欢把很棒的设计和简便的功能融入产品中，而且不会太贵。”他一边向沃尔特·艾萨克森指出埃奇勒设计的房屋干净、典雅之处，一边说道：“这是苹果公司最初的设想，我们在制造第一台麦金塔电脑时就尝试这么做，并在 iPod 上实现了这个设想。”

此外，美术字、电话簿、汽车、电器等各种用眼睛可以发现美感的设计，都是乔布斯设计苹果的灵感来源。他毕生追求设计美学、追求产品功能的完美，因此在硅谷中营造了一种想象力文化。

马斯克也非常善于在生活场景中寻找灵感。特斯拉 ModelX 最耀眼的设计莫过于马斯克构想的“鹰翼门”，而这个设计的灵感则是马斯克在扮演父亲这一角色时找到的。马斯克发现，当父母要把孩子安置在后座上的安全座椅中时，SUV 中后部车门的开关设计让后座的空间非常小，标准体形的成年人挤进最后一排会有压迫感。马斯克以此作为突破点，设计了鹰翼门，可以让车门在上升的过程中把翼宽收窄至特定角度，不仅避免了与并排停放的车辆发生碰撞，更重要的是父母能很轻松地将孩子安置到后座上。

只要善于观察，生活中处处都能发现可以迁移的创新点。

拉里·佩奇曾说：“我 23 岁的时候，就做过一个那样的梦。我猛然惊醒，想着：如果我们能把整个网络下载下来，但仅保存链接会怎样？然后我抓起一支笔，勾画起细节，计算这是否可行。那时，我的头脑里甚至还有做一个搜索引擎的想法。”梦是看得见的思想，它让佩奇创建了伟大的谷歌。佩奇并不善于表达，但他竭力去预见从未存在的世界，推进创新的发生，直到其成为一个又一个的现实。

细心观察生活，将知识与生活常识相互迁移，你会发现，很多创新的点滴都源自生活。而佩奇也说：“你们所能想象的一切都是可能实现的。你需要做的只是想象，然后把想象变成现实。”

可见与不可见

我们学习知识，不是仅仅放在大脑中，而是要在我们实际的工作、学习和生活中去运用。因此，我们要培养举一反三的思维习惯，锻炼从一个领域到另一个领域的跨界迁移的能力。

首先，要能通过事物的表象联想到背后的逻辑。表象是可以直观看到的，比如事物的形态、细节等；逻辑是抽象的，比如事物所承载的情感、观点等。简单来说，就好比看见袜子，能联想到看不见的温暖；看见火苗，能想到已被烧成灰的木头；看见时钟，想到流逝的时间。每一样看得见的事物，都有属于自己的看不见的东西。

其次，将迁移按照“迁”和“移”两部分来分解。迁，是把这个事物的特有元素，即“看不见”的东西，提炼出来；移，是把提炼出的特有元素挪到其他地方或场景中运用。

荷兰自行车厂商 VanMoof 曾经有个非常苦恼的问题，那就是他们卖给美国人的自行车，会有 25% 在运输途中被损坏。在人们的惯常思维中，要解决这个问题，自然是加固自行车的包装，但这样做无疑又会增加成本。有不增加成本，又能解决问题的方法吗？

VanMoof 用“迁移”的方法，没多花一分钱，就完美解决了这个问题。

首先，分析表象和逻辑。表象是，自行车损坏率很高；逻辑是，快递员暴力投递。

接着分析，可以看见的是，自行车的包装是个纸箱，延伸下去，有没有其他的物品也采用了类似的包装？有，电视机。从表象上看，电视机与自行车的包装大小相似，且都是纸板箱，但电视机在快递途中的破损率却很低。

然后，提炼电视机的特有元素——人们看到电视机会联想到易碎、不经摔。那么，就可以把这一元素加入自行车的包装中。

于是，VanMoof 把一台大电视印在了自行车的包装盒上，电视很大，占了四分之三的版面，还在右上角醒目的地方添加了易碎品、小心轻放、防雨防潮等多个警示标志。而自行车的图案不仅缩小了很多，还放在了电视图片的右下角，一眼看过去，就像电视上在播放一则自行车的广告一样。看着这个包装盒，还以为 VanMoof 开始跨界做电视了。

新包装大获成功，没多久，自行车在快递途中的破损率就降低了 80%。VanMoof 联合创始人因此笑称：“什么会让美国人更爱惜包裹？答案是电视。”

你看，知识迁移，举一反三，没有想象的那么难，找到可见的元素，思考它与不可见的关系，然后尝试在不同的，甚至是完全没有关系的场景中去运用，就能实现跨界迁移。

马斯克在南加州大学商学院的毕业演讲上这样鼓励年轻人：“不要人云亦云去追赶趋势潮流，从第一性原理的角度来讲，不要用类比去论证，而是通过最本质的元素去推论。这样你才能分辨出哪些是你应该做的，哪些只是在跟随别人的脚步。当然这很难，但这是最好的办法。”我们也应如此鼓励自己，不要随波逐流跟着趋势，而应该乘风破浪创造趋势。

第7章

不能成为马斯克，也要像他一样思考

海量阅读

与优秀者同行

坚持第一性原理

跨领域学习

学习迁移

马斯克在这个世界上，不是最有钱的企业家，却是最耀眼的企业家，他是直接用科幻的方式在做高科技。

许多科幻小说的作者，拥有非凡的想象力，写出了很多瑰丽酷炫的小说，但他们也同时将作品归入不可能实现的行列，成为“科幻”小说。而马斯克认为，书中的很多幻想和创意，如果能以正确的方式长期坚持研究下去，并非不可能实现，至少他已经将不少看似不可能的事情最终变成可能。

一如他在采访中所说的：

“地球上最重大的问题是永续能源。以一种永续的方式生产、消耗能源。如果这个世纪我们不解决这个问题，我们麻烦就大了。另一件影响人类的大事，我认为是创造跨行星的生命。后者是SpaceX的基础，前者是特斯拉和SolarCity的基础。在我创立SpaceX之前，一开始我想，不可能开一家火箭公司，我没那么疯狂。如果我们能完成登上火星的低成本任务，就可以在火星上打造绿洲。

“带着种子和脱水营养凝胶，然后在登陆（火星）时将它们合成水。那我们就能看到一张有红色背景的绿色植物照片了。大众倾向于对空前的、第一流的事情有反应。这将是火星上第一个生命，并且是旅行的最远的生命。

“所以我到俄罗斯三次，想买一枚翻新的洲际弹道导弹。他们觉得我疯了。到俄罗斯几次后，我发现，我一开始的观念是错的，是不足以探索太空，到地球轨道之外，甚至建立火星基地的。所以第三次访问俄罗斯后，我说：好吧，我们需要做的是解决太空交通问题，于是我成立了 SpaceX……”

这正是马斯克的独特之处，他好像世界的旁观者，不停追问“这个世界究竟在发生什么？”他同时也孜孜不倦地要寻找真正的答案，并做成了一些伟大的事情，推动实现那些深埋的、若隐若现、看似遥不可及的梦想。

作为普通人，马斯克的巨大成功非常鼓舞人心，但同时我们也清楚，我们学习马斯克的目的，是让自己也能像马斯克一样创造出属于自己的成功之路。

学习马斯克，是为了更好的自己

“马斯克是硅谷下一个乔布斯”“马斯克是乔布斯 2.0”……这似乎已经成了公认的评价，在很多人看来，这两个人不论是性格——都有些偏执、不好相处，还是经历——都曾被赶出了自己创办的公司，甚至是成就——都给世界带来了巨大的改变，都太相像。但是，马斯克很不认同，他甚至在公开采访时说：“如果我快死了，那时我正穿着一件黑色高领毛衣，那我会用最后一口气将那件毛衣脱下来并扔得远远的。”

这倒不是因为马斯克对乔布斯有意见，相反他很欣赏乔布斯，曾在公开场合表示：“他确实是我非常崇拜的人，乔布斯比我酷多了。”他反感的是把他看作乔布斯的翻版。因为在马斯克的认知里，自己不是任何人的翻版，马斯克就是马斯克。他从不迷信权威、绝不轻易向现实妥协；相反，他始终坚持实事求是，客观地分析看待一切事物，探寻事物之间的内部联系和客观规律，然后想尽一切办法解决问题。他对自我有着高度的认同，坚持自己对世界的不同看法，不管外界如何评价，他关注的永远是如何实现自己对未来的构想。

成年人的学习，是思维模式的学习。我们学习马斯克，当然不是为了复制马斯克，而是学习他超强的持续学习能力，这是他能够挑战权威、解决那些看似“不可能问题”的基础。

马斯克是唯一的，但我们也有自己的路径。

我们学习马斯克的学习方法，不仅是用于提高学习能力，更是学他在生活中仍像科学家一样思考，可以对自己有着清晰而客观的认知，更加地了解自己、认知自己，知道自己能干什么，不能干什么。当我们有了明确的方向后，才能制定最有利的策略，集中发挥自己的优势。

个性化的时代，变革随时都在发生，我们每一个人都应该学会适应，甚至是学着去拥抱时代的多样化。这需要我们构建一个稳固的人生大厦基石——如马斯克一样坚定的自我认同感，如此我们才能避免把能量浪费在自我怀疑之中，可以集中精神提高专注力，通过不断的学习实践，让自我逐渐丰满，让人生自然而然地迎来蜕变。

蒂姆·库克接手苹果的时候，外界都在质疑他能否成为下一个乔布斯。但是库克说：“乔布斯是独一无二的，我不认为世界上会有第二个乔布斯。所以，我从来没有真正感觉到要成为乔布斯的压力，这也不是我的人生目标，我就是我，我要关注的就是成为苹果公司杰出的CEO。”同样地，我们应该关注的也是如何成为更好的自己。

做到这六点，人生不会差

马斯克取得的这些巨大的成功，除了他高效的学习方法外，他的精神品质、人生原则也是非常值得我们学习的，我们若也能像马斯克一样做到这些，再疯狂的梦想我们也都能实现。

拼命工作，才能撑起梦想

马斯克说："你的成就取决于你有多努力工作，尤其是你想创业的话，更需要超级努力地工作。"

马斯克和弟弟金博尔一起创立 Zip2 的时候，每周 7 天每天 24 个小时几乎都在工作。当时马斯克有一个女朋友，为了跟马斯克在一起，她不得不睡在办公室的沙发上。马斯克究竟有多努力？只要是醒着的时间，他都在工作。现在，马斯克平均每周在 SpaceX 工作 42 个小时，在特斯拉工作 40 个小时。

马斯克说，别人工作 50 个小时，但是你工作 100 个小时，你会比别人多干 1 倍的工作。

而只要每周工作 80~100 个小时，就可以提高成功的概率。

坚持做正确的事，哪怕很难

特斯拉曾发布过“自动驾驶和手动驾驶下的事故统计数据”，二者有着明显的差别。事实是，手动驾驶汽车的事故率远远高于自动驾驶，疲劳、喝醉、走神、发短信等各种情况都会导致车祸的发生，让汽车变成死亡机器。自动驾驶把死亡人数降低了 90%，但仍然存在争议。

马斯克说：“剩下的 10% 死于自动驾驶的人还是会起诉你，那些 90% 的人甚至都不知道自动驾驶曾经救了他们一命。但我仍然对自动驾驶的团队说，追求做正确事情的事实比感觉做正确事情更重要，只要我们确信我们在做正确的事情，即便存在批评、诉讼等，我们仍然应该坚持，而不去关心对正确事情的看法。”

选择正确的事，坚持做下去，也许路途会艰辛崎岖，但它通往的是光明灿烂的未来。

敢于冒险抓住机遇，不惧失败

马斯克从不害怕做大胆的事情。他鼓励年轻人应该冒险追梦，有梦想就放手去做，保证你们不会后悔！

他愿意冒险去抓住这些机会。他说：“不要害怕新的竞技场。我要么旁观，要么参与。生命太短暂，它无法承受无休止的恩恩怨怨。”

同时，马斯克也不害怕失败。SpaceX 和特斯拉曾经长时间陷入困境，甚至濒临破产，很多人都说他不可能成功，但马斯克从来没有放弃，而是迅速分析失败的原因，调整策略，继续尝试。他说：“失败是一种选择。如果事情没有失败，说明你的创新能力不够。”

抓住机遇，勇于尝试，失败就是一个积极的信号，意味着你正在开辟新的天地，只要坚持不懈，你就会像马斯克那样，成功征服你的目标。

悲观者也许正确，但乐观者往往成功

马斯克说：“无论如何，我不会把未来想得非常黑暗，我认为我们对未来还是乐观点好，悲观没有意义，也过于负面，起不到任何作用。我的观点是，我宁愿乐观一些，宁愿错的乐观，也不要正确的悲观，至少要在乐观的那一面。如果你很悲观的话，那一切都将变得很糟糕。”

马斯克也会感受到很大的恐惧，但他认为，只要对要做的事有着坚定的信心，那么你就会抛开恐惧，坚持下去。他创立 SpaceX 的时候，考虑过成功率只有10%，特斯拉也一样，电动车公司成功的概率非常低，如果失败，那么他将失去一切，但他仍然接受了这个概率。因为他觉得，即使失败了，可能也会有其他工作等着他去做，SpaceX和特斯拉给这个世界带来的改变仍在继续，这也很好。

这就是马斯克的心态，无论发生什么，都寻找积极的一面，而这也是实现不可思议的人生目标的重要推力。

专注于价值创造，而不是虚浮表面

马斯克说，最有说服力的，从来不是PPT，而是实实在在的产品和服务。因此他到特斯拉之后，做的第一件事情就是，造一辆原型跑车，以实物向人们展示。他说："这不仅向人们定位了可能的感觉，还能帮助你确定你想做的事情到底是不可能成功的，还是极其困难的。"

特斯拉从不做广告，马斯克把钱都投入到生产和设计上。在他看来，很多企业在发展过程中，混淆了焦点，花许多钱做了很多并不会让产品变得更好的事情。他认为，有责任心的企业家应该花更少的时间在财务、会议、PPT等这些表面工作上，将更多的时间和精力用来思考如何让产品做到更好。

马斯克不喜欢"营销"这个概念，他觉得这个词听起来好像是要骗人买东西一样。他认为，有人要买特斯拉，那一定是因为喜欢这辆车，而不是因为有折扣。他专注于自己创造的产品能给客户带来最佳的体验，这种对产品质量的执着追求，远比那些花哨的营销手段高效得多。

马斯克说：“每家公司都应该自问，所做的事情到底有没有让产品或服务更好；如果没有，就应该喊停。”

我们也应该常常如此自问，所做的事情有没有让我们的机会最大化，我们的心思是否都集中在目标方向上？如果没有，那么立马喊停。

不应止于眼前的苟且，而应奔向远方的星海

马斯克说：“世界上始终有很多可怕的事情发生，有很多问题需要解决，有很多事情让你痛苦，把你击垮，但生活不能仅仅是解决一个又一个痛苦的事情，这不是唯一的事情。生活需要有激励你的事情，那些能让你清晨醒来非常开心，并使之成为人类的一部分的事情，这就是我们做 SpaceX 的原因。”

特斯拉和 SpaceX 都曾遭遇坎坷，当时很多人都在批判马斯克，讽刺他野心太大，为了不切实际的想法背负巨额的债务，是非常愚蠢的做法，都在等着看他失败。但马斯克对此毫不在乎。

事实上，马斯克在创办 SpaceX 和特斯拉的时候也并不认为这两家公司会真正赚钱，但他认为“判断一个人成功与否，要看这个人解决的问题的重要性，而不是他赚到了多少钱”。

所以，他选择忽视那些不友好的言论，不在乎别人称呼他是“自大的偏执狂”，他把重心放在他认为真正重要的事情上。他一直记得苏联

早期火箭学家齐奥尔科夫斯基说过的一句话，“地球是人类的摇篮，但人类不能永远生活在摇篮里。现在是时候出发，去星际冒险，在星空之中，扩大人类意识的范围和规模”。这句话让他激动不已，给予了他不断前行的动力。

梦想，是人们奋斗的动力，即便我们的梦想没有宇宙星空那么浩瀚宏大，但只要我们有梦想，并为之努力，不管最终是否能实现，只要我们一直坚持，从未放弃，我们的人生就是充满价值和意义的。

或许我们无论如何也成为不了马斯克，无法取得如此多的非凡成就，但我们可以将他的思维方式、追逐梦想的勇气运用到我们的生活中，创造出一条属于自己的成功之路。

会思考的人才会学习

孔子说："学而不思则罔，思而不学则殆。"只学习，不思考，知识永远不会真正属于自己；只空想，不学习，那也将一无所得。

逆风翻盘的西冈一诚也说："一切现象的产生都不是理所当然的，能够深刻思考并追问'为什么'的人，才能学习、掌握更多的知识。"

因此，会思考的人才会学习。只有通过不断思考，我们才能透过现象看清本质，才能对知识有更透彻的理解，所以，思考的过程，就是提升我们认知结构的过程。同时，知识的融会贯通，又能提升我们的思考能力，让我们更好地发现问题，解决问题。最终，思考与学习也就形成了一个正向循环的能量环。

那么，如何进行思考呢？

答案是：提出正确的问题。

马斯克说，聪明的工程师仍然会经常犯一个错误，踏进一个最大的陷阱，就是优化本不应该存在的问题。所以，真正困难的是提出正确的问题。给出答案很简单，但你需要庞大的计算机来告诉你问题是什么。但只要你正确地提出问题，答案就比较容易。

那么，如何去找到正确的问题呢？

马斯克说，在极限中思考问题，拿一个特定的东西，将它放大到一个非常大的数字，或缩小到一个非常小的数字，观察事情会如何变化，可以帮助我们更容易接近本质。

以制造为例，难点不是首次设计它，而是将先进的技术产品批量化生产。假设你想弄清楚，为什么这个产品会很贵，是因为在做一些本质上就愚蠢的事情吗，还是因为产量太低？于是，将它的产量放大——每年产量 100 万件，还是很贵吗？

这就是马斯克的思考方式：将事情考虑到极限。

如果每年生产 100 万件仍然很贵，那么产量低就不是这个东西贵的原因，而是一些设计上的根本问题，然后你就可以专注于改变设计、部件等，从源头上解决这个产品价格昂贵的问题。

很多人不是努力不够，而是思考不够。身体很勤奋，头脑却总是偷懒，总是想着将别人的经验知识直接拿来用。照搬照抄，只能原地踏步，想要成功，想要尝试一些新的东西，就必须通过思考和追问，发现问题的本质，这样学习才能高效，思维才能开阔。

富兰克林说，读书是易事，思索是难事。因此，知道的知识多，不代表智慧就高，真理就多。牛顿提出万有引力学说时，才 21 岁；爱因斯坦发表狭义相对论时 26 岁，提出广义相对论时 33 岁，完整发表时才

36岁。年轻的他们，专业知识不比大学物理教授多，经验不如很多老教授丰富。由此可见，善于思考，能将思想重构，才是学习的根本，就好比世上好书无数，但只对那些“会读”的人有用。

人生是一场认知迭代的游戏。高手和普通人的区别就在于，高手洞察的是事物和现象背后的原理和规律，他们看到的是更为广大的格局。

就像雷军对马斯克的评价：“和埃隆·马斯克比起来，我们干的好像都是别人能干的事情，但他干的别人想都想不到。”

马斯克曾经在采访中有一段非常令人动容的问答：

“想过放弃吗？”

“我不放弃。”

“为什么？”

“要么死得安然，要么活得绚烂。就我而言，我永不放弃，永不。我的意思是，Never。”

马斯克总在追寻着最大的梦，希望他的故事能给你的人生带来不一样的启发。